Impressum

Luisa Francia
Nichts in New York
Wallfahrten – Zeitreisen – Zwischenwelten
Der Grüne Zweig 196

Einige Artikel wurden, zum Teil in stark gekürzter Form,
in diversen Zeitschriften veröffentlicht.

Buchgestaltung: Petra Petzold
Fotos: alle drei von Luisa Francia (Portrait mit Selbstauslöser)
Umschlaggestaltung: Walter Hartmann
Gedruckt auf Hanfpapier (50% Hanf, 50% Recycling)
Druck: Fuldaer Verlagsanstalt

Verlegt durch
Werner Pieper's MedienXperimente
Alte Schmiede
D-69488 Löhrbach

ISBN 3-925817-96-4

Luisa Francia
Nichts in New York

Wallfahrten – Zeitreisen – Zwischenwelten

Der Grüne Zweig 196

NICHTS IN NEW YORK.
Eine Vision

If you wanna make the gods laugh, make plans...
(aus einem Interview mit Johnny Depp
in INTERVIEW, Dezember 95)

Das Öffnen der Tür erfolgt auf eigene Gefahr.
(Aufkleber in einem Wiener Taxi)

Im Sommer sah ich in Wyoming, am Fuß des heiligen Ureinwohnerbergs Devils Tower in einem blauen Zelt die ganze Nacht einen Laptop-Schirm leuchten. David schrieb an der Geschichte seines Lebens. Früher war er mal Koch in New York. Dann machte er alles zu Geld, kaufte einen roten Ford Pickup, einen Laptop und ein Zelt und fuhr los. Fährt durch ganz Amerika, bis er entweder tot ist, oder sein Buch fertig hat. Dann bekam ich von den Geistern am Bear Butte, dem Visionsberg von Crazy Horse eine Mütze vor die Füße geknallt: No Fear. Limits are there to be broken. Ich war schon überall, aber noch nicht in New York, nicht wirklich jedenfalls.
Gerade war ich an meine Grenze gekommen, das heißt, ich saß in einem Taxi in Wien und spürte, wie die Grenze unaufhaltsam auf mich zukam. Während der Fahrer mir erzählte, daß auf dem Naschmarkt-Flohmarkt nur noch Türken, Polen und so Gesindel Antiquitäten aus Korea verkauft und ich soll mir mal den Platz nachher anschauen, soviel Mist und Papier und alles, ach geh weiter! dachte ich daran, daß fast alle intelligenten Menschen Deutschland und Österreich während der Nazizeit verlassen haben oder umgebracht wurden und daß ich die Zeitverschiebung zwischen Wien und New York berechnen muß, wenn ich später im Büro von Jim Jarmusch, bei Blake Snake Film, anrufe, mit dem ich ein Interview machen will, das er nicht will und für das ich auch keinen Abnehmer habe.

Dieses sinnlose Unterfangen wird durch ein Treffen mit Herbert Achternbusch gekrönt, der gern möchte, daß Harvey Keitel in seinem neuen Film „Picasso“ mitspielt, der das offenbar nicht will. Und für den Film hat er noch keinen Pfennig Geld. Langsam wirds interessant.

Was machst du denn in New York, fragt er also. Ja, nichts halt, sage ich.

Dann könntest du doch beim Büro von Harvey Keitel vorbeischauen, sagt er.

Ja, warum eigentlich nicht, sinnloser als dem SZ-Magazin noch einen Artikel anzubieten, oder der Taz noch eine Filmkritik oder Theaterbesprechung, oder der Weltwoche noch einen Artikel über Quetschwerke, ist es auch nicht.

Bestimmt kein unwesentlicher Grund nichts in New York zu suchen, ist das Fernsehen. Da könnte ich mich jetzt stundenlang auslassen, über die Buchstaben, die neuerdings im Namen der Firma Telecom auf uns zuspringen und uns einen neuen Gerechtigkeitsbegriff reinpressen, Tarifreform und so, aber das sind wir ja schon von Freiheit und Sicherheit und Ehrlichkeit gewöhnt. Der Brillenhändler (da würde doch Brillenschlange gut passen) Krass wirbt mit einem Spruch: Auch in germanisch-blau. für seine Kontaktlinsen, wieviel Kontakt ist da noch möglich? Der Finanzminister sagt mit seinem erfrorenen Grinsen, daß er keinem rät, sein Geld in der Schweiz anzulegen, aber das Tollste ist natürlich, daß ihn jemand gefragt hat, ob das in Bezug auf den Euro das Beste wäre? Genausogut könnte ich doch einen Menschenfresser fragen, ob es nicht das beste wäre, wenn ich heute nacht bei ihm schlafe. Nein wird er sagen. Sollen sie doch die CDU/CSU noch ein paar Jahrzehnte mästen, meinetwegen, ich wähl sie zwar nicht, aber ich kann mich arrangieren, schließlich kann ich zaubern. Aber wer jetzt nicht zaubern kann, ist verloren, das hat ja schon mein Lieblingsphilosoph Ludwig Hohl gesagt. Und wer Scheiße fressen will, solls tun, wir leben schließlich in einer Demokratie (die ja übrigens auch damals schon auf Sklavenhaltung und Frauenverachtung gründete). Aber wie frei kannst du sein? So frei wie eine öffentliche Toilette? So frei wie das Freizeichen im Tele-

fon? Oder so frei wie die Werbung für eine Kreditkarte: die Freiheit nehm ich mir, ha, die Freiheit kannst du dir nicht nehmen, denn entweder du hast sie schon oder du weißt gar nicht von was du redest. Und wenn du eine Kreditkarte hast, hast du ja einen Teil deiner Freiheit schon aufgegeben, was du tun mußt, um überhaupt nach Amerika fahren zu können. Denn Plastik ist dauerhafter als Papier oder Fleisch, das weiß jede Ratte auf dem Müllhaufen. Und wieviel Schwachsinn muß ich mir im Fernsehen eigentlich noch anschauen von einem Harald Schmidt bis, ach was solls.... „Blue in the Face". Das ist auch ein Grund, nach New York zu fahren und mal am Prospect Park entlang zuschlendern, die Gedichte von Walt Whitman und William Blake, von e.e.cummings und Anne Sexton in der Tasche und vielleicht noch Jack Kerouacs „Dr. Sax".
Ich könnte Geschenke mitbringen. Zum Beispiel kubanische Zigarren. Es ist verboten, sie in Amerika einzuführen, aber wenn in Havanna der amerikanische Dollar die Standardwährung ist, sollten kubanische Zigarren in Amerika wenigstens klammheimlich geraucht werden. Dann werde ich durch den Zoll schleichen wie ich nach meiner Tibetreise geschlichen bin. Machen Sie einmal Ihre Tasche auf, wird dann der Beamte vielleicht blitzschnell gesagt haben, während sich in mir die Schrecksekunde zu einem schrillen, lautlosen Lachen verdichtet. Der tibetische Adlergeist kreist über uns, als der Zöllner (übrigens, habe ich schon erwähnt, daß auch mein Vater Zöllner und Schmuggler war?) die lange braune Adlerfeder aus meiner Tasche nimmt. Vielleicht werden wir uns wieder zwei Stunden lang verständig über Artenschutz unterhalten, ich werde vielleicht, wie nach meiner Tibetreise, sagen, daß ich die Adlerfeder in fünftausend Meter Höhe auf einem Gebirgspaß auf dem Boden gefunden habe. Oder daß ich die Zigarren herrenlos auf einer sonnigen Insel fand. Daß ich in diesem Augenblick überhaupt nicht an den Zoll gedacht habe, sondern wußte, daß das ein Zeichen der Geister ist. Daß ich mich auf den Boden geworfen und mich bedankt habe, sage ich, daß ich sogar mein Mittagessen der Erde geschenkt habe obwohl ich wirklich Hunger hatte. Das alles wird den Zöllner kalt lassen und er wird mir erklären, Zeichen hin oder her, daß kuba-

nische Zigarren unter Artenschutz stehen und nicht eingeführt werden dürfen, es sei denn ich hätte eine Ausfuhrgenehmigung von Cuba, wo ich sie gefunden hätte. Ich werde mich diesmal nicht mehr monatelang um eine solche bemühen und mit dem Ministerium für Artenschutz korrespondieren und telefonieren, was ich mir nach den neuen Gebühren sowieso nicht leisten könnte, sondern ich werde die 75 Mark Strafe, die sie mir anhängen werden, sofort und ohne Murren mit meiner American Express Card, also mit meinem guten Namen, aber wie gut ist der dann noch? begleichen.
Das wäre ein Grund, in New York nichts zu tun. Der andere ist, daß sich Leander Haußmann, der neue Intendant von Bochum ausgerechnet in New York mit Heiner Müller traf, um die gemeinsame Inszenierung von Müller's Stück „Germania 3“ zu besprechen, über die ich einen Werkstattbericht für das Magazin in Zürich schreiben soll. In New York, wo Heiner Müller, schon todkrank mit seinem Lungenkrebs dasaß und eine kubanische Zigarre nach der anderen rauchte. Und dann starb er am vorletzten Tag des Jahres und kam nicht mehr in die Galerie der bedeutsamen Toten, in der „Zeit“, die ich immer so gern anschaue. Und ich war noch nicht in New York! Außer im Sommer, wo wir an der Scheibe des J.F.K-Flughafens standen und auf die Sky-Line von Manhattan starrten, während hinter uns der Regen in bereitgestellte Kübel und Wannen tropfte, weil das Dach undicht war und ich dachte: hoffentlich sind die Flugzeuge wenigstens dicht - was sie tatsächlich waren.
Noch einen Grund, bitte! Dorothy Parker im Algonquin. Das kann ich mir zwar nicht leisten, aber darauf ist jetzt auch schon geschissen, denn genau genommen kann ich mir ja nicht einmal die New-York-Reise leisten. Aber wann habe ich darauf je Rücksicht genommen? Ich kann mir ja zeitweise nicht einmal mein Leben leisten, aber ich leiste es mir halt, weils Spaß macht. Ein bißchen Luxus muß sein. Woody Allen ist zumindest Hintergrundsdekoration in meiner Phantasie über New York. Vielleicht wird es mir nach all seinen Filmen über New York schließlich so gehen, wie es mir auf meiner ersten Amerikareise ging: alles kam mir so bekannt vor. Die Sprache war die Sprache meiner Kindheit, AFN, Wolfman Jack, mein Baby-

sitter, der Trost meiner langweiligen Schultage, schaute aus dem Fenster, um den Wetterbericht durchzugeben (the weather? well just look out of your window yourself!). Die Landschaft war die Landschaft aller Western-Filme, gelegentlich tauchte sogar Fuzzy auf.
Am La Guardia Place lebt Nancy Spero, die Künstlerin, die jetzt auch schon auf die siebzig zugeht. Sie ist in New York mal von ihrem Hund umgeschmissen worden und hat seitdem Probleme mit ihrem rechten Arm, das weiß ich, weil ich sie in der Münchner Glyptothek getroffen habe, wo sie ihre Göttinnen zwischen den langweiligen alten Griechen ausgestellt hat, in eben dieser Glyptothek, in der ich einen Busen entblößte, weil ich im „Jungen Mönch" von Herbert Achternbusch eine Amazone spielte und ehrlich gesagt auch ein bißchen verknallt war, was ja zwischen Männern und Frauen nichts schadet, weil man sonst kaum einen Grund hat, sich zu ertragen. Er trug mich damals auf den Schultern in die Glyptothek hinein, ich in der heroischen Reithose seiner Mutter, die mir zu eng war, er im Gewand des Papstes. Ha. Wie bin ich jetzt darauf gekommen. Achso, ja, New York. Und Georgia O'Keeffe natürlich, und Alfred Stieglitz! Jack Kerouac! Allen Ginsberg! Und Jane und Paul Bowles! Kaum zu glauben, daß Paul Bowles, der Alice Toklas und Gertrude Stein und Hemingway und Zelda und Scott Fitzgerald kannte, mir vor drei Jahren den Auftrag gab, aus Indien Mysore Sandelholz-Seife mitzubringen. Damals hat er einfach keine Interviews mehr gegeben, aber die Seife hat ihn offenbar so aufgestellt, die ich ihm brachte, daß er mir einen begeisterten Brief schrieb und fortan nicht nur Interviews gab, sondern auch einen Film über sich drehen ließ, in dem er allerdings nicht auf dem Dreirad fährt, das er sich gewünscht hat. Wahrscheinlich haben sie ihn wieder um sein Honorar herumkomplimentiert und er liegt weiterhin zwischen seinen grün-weißgestreiften Laken und trinkt Tee.
Was sind deine Vorsätze, was möchtest du eigentlich im neuen Jahr verwirklichen? fragte mich, wie es an Silvester so üblich ist, Cordl dieses Jahr. Nichts, sagte ich da und es fuhr mir in die Knochen, daß ich alles verwirklicht habe, was ich je verwirklichen wollte. Jedenfalls ist in mir eine Art innerer Friedlichkeit, seit ich einmal um den Kai-

lash herumgegangen bin und von einem Bön-Zauberer, der mich gern geheiratet hätte, aber meine Ablehnung sofort, allzu bereitwillig, fand ich, akzeptierte, einen dreckigen Leinenbeutel mit 180 Kristallspitzen vom Kailash bekommen habe. Ich könnte sagen, daß sich damit die Sehnsucht meines Lebens erfüllt hat, nachdem ich vorher beinah in einem banalen Verkehrsunfall zu Tode gekommen wäre. Daß danach meine schwarze Katze starb, empfand ich als Opfer. Sie hat meine Qualen aufgesaugt. Jede Nacht lag sie an meinem zerbrochenen Körper und flickte ihn zusammen und dann starb sie. Das bin ich ihr schon schuldig, daß ich für uns beide nach New York fahre und Nichts suche. Kaum war sie nämlich tot, verdiente ich nicht gerade wenig Geld mit einem Bild, das ich als eine Verschmelzung von ihr und mir malte und das plötzlich alle drucken wollten. Dieses Geld gebe ich jetzt in New York aus. Ich habe es natürlich schon lang nicht mehr.

Willst du nicht einmal nach New York, fragte ich also Annamirl. Ich will überhaupt nirgends hin, sagte diese bewunderungswürdige Freundin von mir heftig. Man muß doch nicht immer in der Gegend herumfahren. Mir reicht es, wenn ich hier bin.

Das reicht mir zwar auch, aber meine Vorfahren waren Vor-Fahrende, ich meine Zigeuner, und das scheint sich in mir wesentlich stärker niedergeschlagen zu haben, als das solide Handwerk, das meine Mutter in die Verbindung mit einbrachte, denn ihr Vater war Seiler. Ich habe zwar eine unberechenbar heftige Leidenschaft für Seile, aber ich habe sie, außer im Alpenland auch in Indien, in Nepal, in Tibet, in Afrika, in Amerika. Ökologisch ist das nicht, das weiß ich selber. Aber als ich vor vier Jahren das Auto aufgegeben habe, um die Marder zu besänftigen, die ich seither nur noch mit Rosinen füttere, statt mit Gummi, hat sich weder das Ozonloch verringert, noch haben mir viele Freunde oder Freundinnen das Experiment nachgemacht, so daß es praktisch ohne Wirkung geblieben ist, sieht man von der Tatsache ab, daß ich kurz drauf auf einem Motorroller zusammengefahren wurde, mit Walli meiner Tochter, die vom Schmerzensgeld den Autoführerschein machte und sich ein Auto kaufte. Ich ließ mir von meinem Schmerzensgeld, was für ein Wort!

einen Gedichtband drucken. Die Verwandlung von Schmerz in Poesie war irgendwie befriedigend.

Bei dieser Gelegenheit stellte ich fest, daß es wahnsinnig Spaß macht, am Markt, am Mainstream vorbeizuproduzieren und es einfach so zu machen, wie ich grad Lust habe. Das Geld kommt sowieso rein. Ein paar kühne ZeitgenossInnen finden sich immer, die sowas kaufen. Ich kaufte mir auch einen Laptop und denke nicht selten an David aus New York und seinen roten Pickup. Den Pickup kann ich mir aber vorerst nicht leisten. Außerdem weiß ich nicht genau, wie man in USA einen Wagen zuläßt und sich eine fingierte Adresse verschafft. Zwar hat mich Charlotte Black Elk eingeladen, in ihrem Besucher-Tipi zu wohnen, aber ob das schon für einen roten Pickup reicht? Es geht ihr übrigens total auf die Nerven, immer auf ihren berühmten Großvater Black Elk angesprochen zu werden. Dagegen hatte die Enkelin von Curly überhaupt kein Problem, zuzugeben, daß sie mit dem Ureinwohnerverräter verwandt ist, der Blondschopf Custer geführt hat. „My people have forgiven me" grinste sie. Ich kaufte ihr eine Pendleton-Decke ab mit dem Motiv von Chief Josephs Häuptlingsdecke, was auch wieder gut paßt, denn mein früherer Liebhaber und jetziger Hausherr, Annamirls Bruder, heißt Josef, eigentlich Sepp. Was das Zulassen von Autos, Karten von Amerika und insbesondere von New York betrifft, müßte ich eigentlich Gabi fragen, aber die ist zur Zeit immer mit Klaus-Peter beschäftigt.

Also kommen wir ruhig zum Hauptgrund, der zu Nichts geführt hat: Jim Jarmuschs „Dead Man". Im Taz-Interview mit Jarmusch war die erste Frage über den Film: „In Ihrem Film gibt es 16 Tote, warum so viele?" Nicht mal zählen können sie, kein Wunder, daß es mit den Abos nicht so recht hinhaut. Ihr Idioten, dachte ich. Ihr müßt jeden Tag diese Scheiße schreiben, die in der Taz neuerdings drinsteht, während ein Dichter wie Christoph Derschau im Keller von der Stern-Redaktion Archivmaterial umschaufelte, kaum je gedruckt wurde und neulich, kaum älter als fünfzig, starb. Oder während eine Dichterin wie Verena Stefan Deutschkurse gibt, weil

sie vom schreiben nicht mal ihre Beerdigung organisieren könnte. Apropos umschaufeln, da fällt mir ein, wie Annamirl ihre Verwandtschaft grandios vor den Kopf gestoßen hat. Bei einer Beerdigung fragte so ein Verwandter sie, was sie eigentlich den ganzen Tag macht, sie habe doch nix zu tun. Das Geld umschaufeln natürlich, sagte sie, damit es keinen Schimmel ansetzt. Jedenfalls sind die 13 Toten in Dead Man eine erstklassige Vision des Schicksals des Weißen Mannes. Und nie hat einer Tabak. Eben, das mit den Havanna-Zigarren ist schon nicht das Verkehrteste. Gehst du zu einem Chief, nimm Tabak mit.
Sonny Zimigo, der Lakota-Pfeifenmacher hat mir unvermittelt einen Fetisch geschickt, eine Eidechse. Gerade, als ich New York aufgeben wollte, kam die Eidechse aus Pfeifenstein. Lang ausharren, unbeweglich warten können und dann sehr schnell zuschlagen, das ist die Qualität der Eidechse. I'm the Lizard Queen, I can do anything! Aber woher weiß Sonny, daß ich eine Eidechse auf dem linken Arm tätowiert habe und daß die Eidechse mein Totemtier ist? Die Fetisch-Priesterin in Afrika, Sahadji mit dem fetten Arsch auf dem winzigen Schemel, hat mir die Eidechse hingeworfen: Das bist du! Als sich Walli dann tätowieren lassen wollte und noch nicht volljährig war, mußte ich mitgehen und da kam es über mich. Ich könnte eigentlich dazu stehen, dachte ich in dem Laden, in dem gerade ein Schrank von einem Mann wimmerte, weil ein Riesentattoo auf seinem Rücken überstochen wurde. Sie sind die zweite alte Frau, die sich tätowieren läßt, sagte damals die Tätowiererin. Da war ich vierzig. Dafür kostete die Eidechse, die ich sogar selbst entwerfen durfte, nur fünfzig Mark. Walli hatte weiße Lippen, als ihre Rose rot eingefärbt wurde.

Worte, wie Perlen auf dem roten Faden
meiner Verwunderung aufgefädelt
sachte klickern sie im Lufthauch
meines Lachens. Ich suche
nichts in New York.

Ich sitze in meinem Zimmer. Über mir ist das Universum. Aber wo ist eigentlich meine Korruptionsgrenze?

Im Zug nach Wien kam der Minibarkellner und verkaufte mir ein Mineralwasser. Gute Reise, sagte er. Ebenfalls, sagte ich und dachte sofort: kann man einem Minibarkellner gute Reise wünschen, wenn er doch arbeitet? Ein Japaner schaute mit wahnsinnigem Grinsen in alle Aschenbecher und fragte mich, ob dieser Zug nach Budapest fährt und wann er ankommt. Und was ich in Wien mache. Ich halte einen Vortrag über die Hexen in der Zeit von Shakespeare und über die völlig andere Auffassung dieser Hexen in Kurosawas „Schloß im Spinnwebwald", wo die Hexe die Göttin ist und Ratten die weisen Tiere, sagte ich. Er verstand kein Wort, ich auch nicht. Aber Kurosawa hätte er wenigstens verstehen können.
Ich will ein Interview machen, das niemand drucken will. Herbert will einen Film machen, den niemand finanzieren will. Aber was sucht der Japaner im Aschenbecher? Immerhin plane ich wenigstens, ein Interview mit Tibor Kalman, dem „creative troublemaker" von INTERVIEW zu machen, das sicher auch niemand drucken und Tibor Kalman mir vielleicht auch nicht geben will. Es wird immer besser. Wie oft habe ich mir vorgestellt, wie das wohl ist, wenn man in einem Aufzug abstürzt und kurz vor dem Aufprall hochspringt? Da kriegt man doch eigentlich von der Wucht des Aufpralls nichts mit, weil man kurz in der Luft unberührbar geworden ist. So sehe ich meinen Besuch in New York. Wer geht schon in New York auf Visionssuche.
Judith Achternbusch, Herberts Tochter, stieg mit sechzehn in ein Flugzeug und flog nach New York. Sie wollte Tänzerin werden. Jeden Tag tanzte sie sechs bis acht Stunden. Allein in New York. Alle taten, als sei das überhaupt Nichts, weil sie neidisch waren. Alle redeten am Stammtisch darüber, ach ja, die Judith, sie war schon immer ein bißchen verrückt! Leider hatte sie nicht die Kraft, ihrer Mutter, ihrem Vater und dem Sumpf um ihn herum zu entfliehen. Sie kam aus New York zurück und bald war die „Episode" vergessen. Nur einmal fuhr sie mit Gabi hin und die beiden hatten eine Menge

Spaß, und wohnten im Seventeen. Vielleicht sollte ich doch im Seventeen wohnen. Es ist wirklich billig, zentral, sauber und nichts Besonderes. Gabi war die einzige, die Judith irgendwie verstehen konnte. Sie hatte zwei Töchter, die sie allein großzog und zahlte die Schulden von ihrem Mann ab,den sie verlassen hatte und der sich sofort eine neue Frau suchte, um mit ihr neue Schulden zu machen. Gabi hatte auch einen Traum, den sie verwirklichen konnte, denn schließlich landete sie an den Münchner Kammerspielen als Schauspielerin, obwohl sie als Sekretärin in einer Brauerei angefangen hatte.

Ich erinnere mich nicht an den Titel des Films von Woody Allen, in dem Mia Farrow zu dem chinesischen Arzt geht, der ihr dieses Wunderpulver gibt, aber als ich den Film sah, dachte ich sofort an den chinesischen Arzt, den ich einmal in London aufsuchte, weil mir mein Kreuz so weh tat, daß ich glaubte, es zerbreche mir mitten auf der Junction Road, in deren Nähe meine Schwester Ilse lebt. Er legte seine Hand auf die schmerzende Stelle und ein ganzer Schwall Schmerz, in dem sich Erinnerungen an meinen Vater wie Haifische tummelten und mir blutige Wunden rissen, prallten an seiner Hand ab und dieser kleine Arzt riß sie einfach aus meinem Körper heraus. Ich bezahlte ihm zwanzig Pfund und er sagte: I could kill you by just touching you, was mich nicht gerade beruhigte. No thanx, sagte ich. Er zeigte mir eine Stelle unter der rechten Niere, tatsächlich, wenn er nur in der Luft darüber herumrührte, spürte ich bereits ein tödliches Kribbeln.

New York ist einer der wenigen Orte, wo meine Mutter schon war und ich noch nicht. Als sie schon weit über sechzig und meine Großmutter gerade gestorben war, packte sie ihre Sachen, kündigte sich bei ihren alten Freundinnen an, die in den fünfziger Jahren in alle Teile Amerikas ausgewandert waren, mit oder ohne Mann, und fuhr los. Unbekümmert spazierte sie durch Brooklyn und antwortete auf den Versuch, sie zu berauben: I hear bad. Was eine gnädige Untertreibung ist, weil sie die akkustische Welt einfach zunehmend aus ihrem Leben ausschaltet. Wer soviel Scheiße im Leben hören mußte, kann wahrscheinlich nur noch abschalten. Angefangen von den Warnungen ihrer KollegInnen, daß aus uns zwei Töchtern nur Verbrecher werden können (was schon allein deshalb nicht möglich ist, weil aus einer Verbrecherin nie ein Verbrecher wird, auch kein weiblicher, wie Luise Pusch schlüssig nachweist), über die überflüssigen Stadtratssitzungen, in denen sie begriff, warum Deutschland nur abstürzen kann, weil es von einem Haufen inkompetenter, schwallsüchtiger Männer regiert wird und was diese Männer in drei Stunden dahinlabern, war im Protokoll nur einen Satz wert, sagte sie, und sie schrieb ja die Protokolle. Jedenfalls hatte sie der Mut am Ende ihrer Arbeitslaufbahn noch nicht verlassen, obwohl sie zwanzig Jahre lang neben einem kettenrauchenden Beamten zubrachte, der alles tat, um sie so früh wie möglich ins Grab zu bringen. Ich nehme an, die Schocks, die meine Schwester und ich ihr versetzten, wirkten lebensrettend. Einmal stürzte sie im Gebirge ab und blieb an einem Felszacken an ihrem Rucksack hängen. Zwei Stunden hing sie im Rucksackriemen, unter sich den Abgrund. Danach konnte sie nichts mehr schockieren, nicht mal New York.

Sogar Jakob und Simon, Sepps Kinder waren schon in New York. Sie wollten mit Lupo, dem Zwerg, in eine Technodisco gehen, wurden aber nicht reingelassen. Simon wollte mir einen Witz erzählen, Luisä, sagte er, was ist der Unterschied zwischen Heino und Hämoriden, glaub ich, oder? Heißt das nicht Halloween, fragte Jakob. Luisä, was isn Halloween? Allerheiligen, sagte Annamirl. Was sindn Hämoriden, fragte Jakob. Krampfadern im Arschloch, sagte Annamirl. Kampfadern? fragte Jakob, der mir eine Weihnachtskarte zeichnete, auf der unter einem heruntergestürzten Felsblock zwei Beine herausragen und drunter steht: Gute Besserung. Der Witz ist jedenfalls: Hämoriden können auch nicht singen.

Culture vulture
profit profet
scared of the sacred!
The wounds of my childhood are still alive.

So are the wonders.
Rats is also a staR

Ich schrieb viele Gedichte für meinen damaligen Liebsten. Aber er meinte plötzlich, daß sich Gedichte reimen müßten, das spornte mich an und ich schrieb ihm ein Gedicht das sich reimte:

Gedicht über das Klo vom Snowlands Gasthaus in Lhasa
da gabs nur einen Schlitz im Boden und kein Wasser
und klar war nur daß Scheiße stinkt
und daß die Welt und so auch Lhasa im Müll versinkt.

New York war für Horst den Liebsten aus dem Osten, wie auch für Heiner Müller, oder Leander Haußmann, die früher in der DDR schmorten, ein unbegreiflicher, exotischer, schäbiger (Alp)Traum. Als Horst sah, daß die Decken vom JFK-Flughafengebäude nicht dicht waren, hatte er keine Lust mehr, New York zu sehen. New York ist bestimmt genauso asslig wie Leipzig, behauptet er.
Kaum sage ich, daß ich in New York nichts vorhabe, schlagen mir alle möglichen Menschen weitere Nichtigkeiten und Unmöglichkeiten vor. Sepp sagt zum Beispiel gerade am Telefon, ich soll Klaus Pohl besuchen, an den ich mich nur schwach erinnere, denn ich kenne ihn nur noch aus dem Hausgang im Wirtshaus in Ambach, wo er noch Schauspieler war und nur Tee trank und zu Sepp sagte, daß man Schauspieler 24 Stunden am Tag sei, was diesen zu verächtlichem Grinsen hinriß. Jedenfalls soll ich Klaus Pohl besuchen, der jetzt einer der bedeutendsten Dramatiker Deutschlands ist, von dem sich Sepp nur erinnert, daß er in der Green Street wohnt, wo er mal einen Streit mit Pohls Frau hatte, der er vorwarf, sie sei auch so eine von diesen zukünftigen Künstlerwitwen. Und wenn ich Harvey Keitel tatsächlich sehe, soll ich ihm sagen, daß, obwohl er kein bodybuilding mache, sein body immer noch schöner sei als Keitels, der ja in jedem Film sein Hemd ausziehe. In Nells Nachtclub soll ich gehen, wo er, Sepp, nicht drin war, weil er da grad Streit mit seiner Freundin Catrin hatte. Und da fällt mir ein, daß ich gern Louise

Bourgeois sehen würde, die Malerin und Bildhauerin, von der ich allerdings nur weiß, daß sie in einem alten Ziegelbau in Brooklyn schon seit sechzig Jahren lebt und arbeitet. Wieviele alte Ziegel-Häuser wird es in Brooklyn so geben? Daneben müßte ein griechisches Café sein, denn da ißt sie jeden Mittag, wenn man einem Artikelschreiber Glauben schenken darf.

Als der billige Flug die Maschine in Reykjavik zur Zwischenlandung zwingt, fällt die Poesie einer dunklen Winternacht, die nicht weichen will, über mich. Im grauen Zwielicht gehen die Menschen so langsam, selbst das Flugzeug landet im Zeitlupentempo. Kein Vulkan bricht aus und erhellt die Nacht, also fliegen wir weiter.

Du bist nichts, du bist niemand, du bist ein Stück Scheiße, du bist überflüssig, du gehörst nicht dazu und was hast du überhaupt hier zu suchen? Wann hast du das zuletzt so empfunden? Der Zollbeamte am JFK Flughafen ordnet seine Arbeitsgeräte auf seiner schmalen Theke. Als eine Frau mit Kind sich zu ihm beugt, hat er einen hysterischen Anfall, zwingt mit der Macht seiner Verachtung die Frau zurück auf Abstand und wischt sich den Schweiß vom Gesicht. Wir alle sind ihm widerlich. Ich bleibe auf Abstand und werde so schnell abgefertigt wie an einer Kinokasse. New York, der Film. Das Taxi. Die Lichter. Das Wasser, die hohen, lichtfunkelnden Häuser, die Brücke, Menschen in Schachteln. Zehn Grad minus. Im Inneren des Wirbelsturms, im Taxi, ist Ruhe. fünfundvierzig Dollar. Die Rückfahrt wird dann nur fünfunddreißig kosten aber wo hat er uns beschissen? Egal. Und jetzt hab ich doch noch einen Auftrag von GLOBO, über das New York von Woody Allen zu schreiben. Jetzt wird wieder nix aus NICHTS IN NEW YORK.

Abzweigung Maxhöhe

Der Morgen des 25.6.92 ist trüb. Es nieselt. Meine Tochter Walli fährt jetzt dann gleich mit ihrem Roller zur Schule, ich werde mir ein Taxi rufen, denn ich habe am Abend eine Lesung und noch eine weite Reise vor mir. Walli möchte unbedingt, daß ich mit ihr auf dem Roller fahre. Mir ist das Wetter zwar zu lausig, aber was solls, fahr' ich halt mit ihr. Vor ungefähr drei Monaten habe ich mein Auto aufgegeben, eine Art Deal mit den Mardern. Ich habe das Gefühl, sie sind eigentlich Untergrundkämpfer gegen den Autoverkehr. Wir haben uns mal auf meinem Balkon unterhalten und sie fanden, ich sei nicht besonders glaubwürdig, wenn ich weiter Autofahren würde. Ich liebe die Marderfamilie, ich liebe auch die Bäume. Seither versuche ich mich mit öffentlichen Verkehrsmitteln (die letzten Abenteuer der Menschheit) und Taxis zu durchzuschlagen. Zum Einkaufen fahre ich mit dem Fahrrad.

Jetzt setzt sich Professor Biemer gerade zum Frühstück hin. Herr Kandler, der Sozialarbeiter richtet das Frühstück für seine Schützlinge in der Außenstelle der Heckscher Kinderklinik, Rottmannshöhe, her. „Ich gehe ja immer mit gemischten Gefühlen dort weg." sagt er, „Einerseits bin ich froh, daß ich nach Hause fahren kann, andererseits denk ich immer: hoffentlich hast du nichts übersehen. Irgendwie beschäftigt mich so ein Gedanke, daß mal einer tot im Bett liegt und ich hab es nicht rechtzeitig gesehen." Der Sanitäter Michael Schwedler sitzt in der Einsatzzentrale, hat gerade mal eine ruhige Minute und trinkt einen Kaffee. Der Chirurg Dr. Hoellenriegel verläßt seine Wohnung in München und steigt in sein schnelles Auto.

Am Abend bin ich zum Waldrand spazieren gegangen und auf einen Jägerstand geklettert. Erst als ich oben war, merkte ich, wie wacklig und brüchig er war. Wenn du von hier oben runter fällst, brichst du dir alles, denke ich und weiß noch gar nicht, wie das ist, sich was zu brechen, denn ich bin 42 und hab mir noch nie einen Knochen gebrochen. Zuhause schreibe ich zwei Artikel, für die ich eigentlich noch lang Zeit habe. Und: einem Impuls folgend stelle ich für alle offenen Rechnungen Schecks aus. Sogar Briefmarken finde ich. Noch am Abend laufe ich hinunter zum Postkasten am Haus und gebe die ganze Post auf. Das hätte mich schon stutzig machen können. Aber was nützt das. Kann man aufhören zu leben, nur weil man Vorahnungen hat?
Der Müllwagen, vom Sanatorium kommend, biegt auf die Vorfahrtsstraße ein, auf der wir daherkommen und sieht uns nicht. Ich schreie, Walli gibt Gas, der Reifen streift fast meinen Arm.
Klar, da hätten wir eigentlich umkehren können. Andererseits ist uns ja nichts passiert. Alles ist gut gegangen. Wir steigen ab, schimpfen, regen uns auf und ab. Zigarettenpause vor dem Supergau. Wir fahren weiter, es ist 7.08 Uhr. Wir unterhalten uns schreiend durch die offenen Klappen unserer Helme. Ich bewundere Wallis Gelassenheit nach diesem Beinahe-Unfall. Ich denke: ich nehme den 8.03 Uhr Zug nach München, dann geh ich erst mal frühstücken! Dann könnte ich in der Bibliothek dieses Buch von Calder über Einsteins Universum holen. Mein alter Freund und Anwalt Jürgen Arnold bricht in seinen Urlaub auf. Daß ich ihn in Kürze sehr dringend brauchen werde, wissen wir beide nicht. Ob sie mich heute abend wieder in so eine Fußpilzburg verfrachten? Ich hasse Hotelzimmer. Und ahne nicht, was mir blüht. In etwa zehn Minuten wird von diesem Tag nicht mehr viel übrig sein.
Wir passieren die „Rottmannshöhe“. Der Sozialarbeiter Kandler hat seinen Wagen gestartet und ist auf dem Weg nach Hause. Während wir die leichte Linkskurve zur Abzweigung Maxhof nehmen, steigt Frau M. in ihren BMW und fährt los. Frau M. hat Sorgen. Ihr Mann hat Schulden und eine Geliebte. Aber an diesem Morgen fühlt sie sich leicht und frei, wird sie mir zwei Jahre später erzählen. Sie gibt

Gas (Ich habe Sie nicht gesehen!). Ich sehe den dunklen BMW, der vor der Kreuzung abbremst und plötzlich auf uns zuschießt. Ein Augenblick der in der Unendlichkeit einfriert. Tatsächlich, denke ich. Es ist, wie alle immer sagen! Walli denkt: verdammt, schon wieder so ein Scheißauto, das einfach rausfährt. Und sie realisiert, daß sie diesmal keine Chance hat, auszuweichen. Sie schreit wütend „Nein!" Mit häßlichem Knirschen und Krachen prallen wir aufeinander. Der Wagen hat Airbags, aber wir sind leider draußen.

Die Zeit hört auf zu existieren und alles liegt nebeneinander, das unglaublich tiefe Grün der Wiese, der Holzzaun, wahrscheinlich stehen Pferde drin! das häßliche Geräusch des aufeinanderprallenden Metalls, Wallis Schrei „Nein!", mein Gedanke: Doch! Jedes Gefühl ist der Wahrnehmung gewichen. Meine Hände finden keinen Halt, streben nach oben und ziehen den Körper mit, raus aus dem scharfen Schmerz, dem trockenen Krachen, zwei dunkle Eulenaugen unter grauem Haar im Auto. Verwunderung: so ist das? So beiläufig fliegt man ins Verderben, so weit hinauf? So leicht. So seltsam. Dieser Schrei, das ist meine Stimme, wütend. Später wird einer sagen: ein Kamikazeschrei! Und dann dieses Gefühl, jetzt ists passiert, jetzt ist alles vorbei. Schade eigentlich, ach, was solls - während der Körper, Arme und Beine ausgebreitet, mit dem Rücken auf den Asphalt knallt und sofort wütenden Schmerz freisetzt. Ich ringe nach Luft, der ganze Organismus kämpft wie unter Wasser. Über allem liegt dieser widerliche tierische Schrei. Meiner. Über der Plexiglasklappe vor meinem Gesicht taucht das angespannte Gesicht eines Mannes auf, beugt sich weg, ich höre wie sich jemand übergibt, ich denke, oder sage ich es?: bitte gehen Sie doch ein bißchen weiter weg. Und irgendwo drin dieses wilde Lachen über den Gedanken: jetzt auch noch vollgekotzt werden!
„Ich sah, daß es nicht war wie jeden Morgen," sagt Herr Kandler, „mitten auf der Straße stand ein Auto, jemand lag auf der Straße, Leute standen drum rum. Ich dachte, fährst du jetzt einfach vorbei, da sind ja schon Leute, oder sollst du doch halten? Ich hab halt dann doch angehalten. Ich dachte, vielleicht kann ich irgendwas tun, die

Ambulanz von der Rottmannshöhe aus anrufen oder so. Das sah nicht gut aus. Das eine Bein war so eigenartig verdreht..."
Walli liegt ganz entspannt am Auto, wie schlafend. Ich mache mir keine Sorgen um sie. Nur wenn sich jemand ihr nähert, kreische ich: nicht bewegen. Denn unter den chaotischen Impulsen von Schmerz, ungläubigem Staunen oder ist es Entsetzen?, der Wahrnehmung von Gesichtern, die neugierig, schockiert, interessiert über mir auftauchen und wieder wegschwimmen, liegt eine funktionierende Leitung. Durch die kommt: bei Motorradunfällen könnte die Wirbelsäule verletzt sein. Nicht bewegen. Nicht drehen. Ein Mann beugt sich über Walli und öffnet ihren Mund. Sie hat sich die Zunge abgebissen. Er holt sie vorsichtig aus dem Rachen, sie hängt nur noch an einem schmalen Streifen und wird ihr später wieder so angenäht, daß sie nichts mehr davon merken wird.
„Jemand wollte Ihre Beine irgendwie anders legen, aber Sie haben ganz bestimmt gesagt, daß er das bleiben lassen soll. Ich muß schon sagen, da habe ich Sie bewundert, wie stark Sie in dieser Situation waren, Sie haben keinen Augenblick die Kontrolle über die Situation verloren." sagt Herr Kandler.
Ein bleiches Männergesicht steht kurz über meinem. Jemand sagt: Haben Sie ein Schwein gehabt, daß der Rucksack unter ihr Genick gerutscht ist, sonst hätten Sie es gebrochen. Im Rucksack liegt in ein Tuch eingewickelt eine Figur der Göttin Kali mit einem Buch meiner Freundin Ute Schiran „Menschenfrauen fliegen wieder". Zwei Männerstimmen unterhalten sich über meine Zukunft, als wären sie dran beteiligt, wobei von Amputation und Rollstuhl die Rede ist. Ich fühle mich unbeteiligt. Da weiß ich noch nichts von zynischen Versicherungsvertretern, von Verhandlungen mit der Krankenkasse, von der existenziellen Bedrohung. Ich arbeite freiberuflich. Obwohl die „Schuld" von Anfang an feststeht, sehe ich von der Versicherung monatelang keinen Pfennig.
Eine Polizeisirene schneidet durch die Wellen von Schmerz. Eine Kappe taucht auf und wieder weg. Ein Mann mit einer Brille beugt sich über mich, eine Stimme sagt: Biemer, ich bin Arzt. Ich weiß wer er ist. Er ist Professor, Doktor für plastische Chirurgie. Unsere Kin-

der sind im gleichen Alter. Ich denke: Hab ich ein Schwein! Schutzengel. Mehrere. Das blutet nach innen, sagt er. Ich sage: ich spüre meine Hände und Füße. Er: Ich lege Ihnen jetzt eine Kanüle, damit wir dann gleich eine Blutkonserve dranhängen können, wenn der Notarztwagen da ist. Er ist blaß. An diesem Morgen sind irgendwie alle Gesichter so blaß. Er drückt an meinem Arm herum und ich lache. Da werden Sie nichts mehr finden! Er: Sind Sie vom Fach? Ich: Ich bin Fachfrau für meinen Körper. Er drückt mir eine Nadel in den Hals. Ich denke: Was, auf dem dreckigen Boden! Und wieso gibt mir eigentlich niemand ne Decke, merken die gar nicht, daß ich erfriere? Das Blaulicht der Ambulanz, besorgte Satzfetzen fliegen über mich hinweg. Ich höre Walli die Orte aufzählen, die wir passiert haben. Neben ihr kauert ihre Schulfreundin Sonja. Kümmer dich bitte um Walli, sagte ich zwischen zwei unkontrollierbaren Schreikrämpfen zu ihr. Und habe dabei das Gefühl, daß ich schon zurechtkomme. Das Fachpublikum diskutiert. Das überlebt doch die nie, sagt einer. Schauns amal die Blutlackn da! ein anderer. Mein Gott naa, sagt einer. Jetzt gengans amoi weg da, sagt eine autoritäre Stimme. Ich war aber zerscht da, sagt eine andere Stimme. Sie ist ja eh so tapfer, sagt eine heisere Frauenstimme. Wie ist man tapfer? Wie ist es, wenn man nicht tapfer ist? Stirbt man dann zur Strafe gleich? Was kann man tun? Man liegt herum und schreit vor Schmerz, verliert gelegentlich den Überblick, zieht sich wieder hoch, kämpft, es geschieht alles ganz von allein. Der Sanitäter unterhält sich mit dem Professor und überläßt ihm das medizinische Feld, während er mir die Kleidung aufschneidet. Ich höre das Geräusch der Schere in der Hose und Widerstand steigt in mir auf. Schmerz ist ein kulturabhängiges Phänomen, habe ich bei Adam Smith gelesen. Ich denke, vielleicht bilde ich mir nur ein, daß es so weh tut? Vielleicht bin ich wehleidig? Ich trage die maisgelbe Nicole-Farhi-Jacke meiner Schwester. Zwei Jahre habe ich gebraucht, bis sie mir die mal geliehen hat. Jetzt sehe ich sie als Life-Jacket. Die schneiden Sie mir nicht auf! sage ich. Ich weiß, da hängt jetzt mein Leben dran. Sie ist ganz blutig. Er fummelt am Reißverschluß herum und über all dem Schmerz und dem Wahnsinn muß ich lachen. Heute morgen klemmte der Reißverschluß

auch schon! Behutsam zieht er mir die Jacke aus, schneidet mir die Unterhose und das Hemd vom Leib und jetzt liege ich nackt auf der Straße und alle starren mich an. Das mit der sauberen Unterhose hat jetzt nicht viel genützt, die ich nach Meinung meiner Oma immer anhaben sollte, für solche Fälle. Irgendwer fragt, ob ich Bauchweh hab. Ich überlege, was Bauchweh ist, und wo ich das abtrennen würde, wenn ich in die Schmerzorgie hineinfühlen müsste. Meine Schreie halten das Publikum auf Abstand. Übergangslos die Erinnerung an eine überfahrene Füchsin. Ich halte an. Ihre Zitzen sind voll Milch. Sie stirbt in meinen Armen, einmal dreht sie die Augen hoch und schaut mich an. Was wird aus ihren Jungen!
Die Fahrerin des Wagens, die später Unfallgegnerin heißt, tappt wie eine Geistererscheinung herum. Als ich Ihre Schreie hörte, sagt sie später, hab ich gedacht: jetzt hast du einen Hund überfahren. Herr Kandler sagt später beiläufig „das war doch nichts besonderes, daß ich Ihnen geholfen hab, das hätte ich auch für einen überfahrenen Hund getan!“ Die Häufung der Hundevergleiche erinnert mich daran, daß meine homöopathische Freundin behauptet, Lac caninum sei mein Konstitutionsmittel. Vielleicht hat sie ja recht?
Kümmern Sie sich doch um die Frau, sage ich zum Sanitäter. Er, fast wütend: um die brauchen S i e sich wirklich keine Sorgen machen. Wahnsinn, wie lange das alles dauert. Das halte ich jetzt nicht mehr aus, sage ich. Ein Mann mit einem weichen Wolljackett, später erfahre ich, daß er Herr Kandler heißt, kniet sich zu mir. Ich denke daran, wie sich der Asphalt unter seinen Knien anfühlt, weil ich weiß, wie er sich unter meinem Rücken anfühlt. Können Sie Ihr Knie vielleicht ein bißchen unter meinen Hintern schieben, frage ich, weil ich das Gefühl habe, auseinanderzubrechen und tatsächlich bin ich da auch auseinandergebrochen. Zart schiebt er sein Knie hin. Ich halte mich an seinem Jackenaufschlag fest. Mit sanfter Stimme spricht er zu mir. Ich halte mich an seiner Stimme fest. Erste Hilfe ist spirituelle Hilfe, schießt es mir durch den Kopf. Stimme. Berührung. Wärme. Motivation, da zu bleiben. Als ich zu seinem Gesicht hochschaue, ist er schon ganz blau. Ich habe die Jacke so gekrallt und gedreht, daß er keine Luft mehr kriegt. Jetzt hätte ich Sie beinah erwürgt, sage ich.

Das macht doch nichts, sagt er freundlich und ich muß schon wieder lachen. Man erwürgt einen und er sagt, das macht nichts. Köstlich. Ach, das Leben ist lustig. Euphorie zieht durch alle Poren in meinen Körper ein. Ha, ich überlebe euch alle! Die Stimme von Herrn Kandler schaukelt mich wie eine Hängematte. Ich bin geborgen und ruhig. Plötzlich, ganz übergangslos, sehe ich die Unfallstelle von oben. Da stehen zwei Ambulanzwagen, da liegt Walli, ein Mann und Sonja knien bei ihr, sie redet. Sie zählt immer noch die Orte auf, durch die wir gefahren sind: Ambach, Holzhausen, Münsing, Weipertshausen, dann stockt sie, fängt wieder von vorn an. Ich denke von oben rein: Allmannshausen. Aber das Wort kommt nicht. Später wird Walli erzählen, daß ihre Erinnerung kurz vor Allmannshausen aufhört. Sie denkt: wir liegen am Bushäusl von Allmannshausen. Tatsächlich ist der Unfall einen Kilometer weiter passiert. Dieser Kilometer verschwindet aus ihrem Leben. Ich sehe, wie die Polizisten den Verkehr über den Fahrradweg umleiten (von dort wo ich liege, kann ich das gar nicht sehen. Der Polizist im Einsatz bestätigt mir später meine Wahrnehmung). Alles wird leicht und grau. Wie schön es ist, so in der Luft zu sein und keinen Schmerz zu spüren.Dann sagt irgendetwas in mir: wer anfängt von oben zu sehen, steht kurz vor dem Sterben. Ich erschrecke, weiß aber nicht, wie ich von dort oben wieder in den Körper kommen soll. Ich habe auch keine große Lust. Ich sehe Walli und denke, das kannst du ihr nicht antun, wer weiß, vielleicht wollen sie ihr dann noch die Schuld geben! Während ich denke: sie hatte keine Chance, während diese Art von Vernunft mein Hirn wieder ordnet, kommt der Schmerz zurück und wirkt wie ein Trichter durch den ich mich in den Körper quetsche. Ein junger Mann mit langen Haaren schiebt einen Plastikschlauch durch meine Nase: damit Sie leichter atmen können. Ich glaube Sie haben Verletzungen im Brustraum. Atmen, stimmt, ich mußt atmen. Da ist die warme Hand von Herrn Kandler, die Wärme seines Körpers, wo er mich abstützt. Ich klammere mich an diese Wärme, an die Sanftheit seiner Stimme. Die fremde Luft läuft durch den Schlauch mühelos in meine Lungen, vom Schmerz zersplittert bröselt sie wieder raus. Ich weiß, ich muß bei meinem Atem bleiben, aber ich kann einfach nicht mehr. Sie schieben mir eine Matte unter den Körper, jetzt scheint alles viel schneller und hektischer abzulaufen, es fühlt sich an als verdopple sich die Laufgeschwindigkeit der Zeit. Die Matte wird unter mir aufgeblasen, der Schmerz drängt meine Gedanken in den Körper hinein, wo Turbulenzen bis an die Haut branden. Wellen, die mich mitreißen und wieder loslassen, zwei Bilder fallen nebeneinander in mein Bewußtsein: Wallis Geburt und die Erzählung eines Verwandten von Stalingrad, von den schreienden Soldaten, den abgerissenen Gliedmaßen. Die Erinnerung an die Geburt bringt die Disziplin des Atmens wieder. Wenn ich nicht aufhöre zu atmen, sterbe ich auch nicht. Die wohltuende, rettende Stimme von Herrn Kandler verblasst irgendwo hinter mir. Alles wackelt und schlingert, Befehle, hastige Rufe, Schreie, meine.

Wieso werde ich eigentlich nicht bewußtlos? frage ich Michael Schwedler, den Sanitäter, der uns später besucht und sich wundert, daß wir beide diesen Unfall überlebt haben. Ja, das wäre mir auch lieber, sagt er. Der fährt ja wie eine gesengte Sau, protestiere ich, weil ich das Gefühl habe, ein Teil meines Körpers fliegt bei jeder Kurve weg und ich werde es nicht schaffen, alles wieder einzufangen.

Während wir auf der Landstraße dahinrasen, denke ich plötzlich daran, daß mehr Leute auf der Straße sterben, als an Aids oder an Krebs. Wir haben keine Kriege mehr, dafür haben wir den Autoverkehr. Mir ist schlecht.

„Sie haben wirklich Glück gehabt!“ sagt später Dr. Hoellenriegel, der Chirurg. „Wir saßen gerade bei der morgendlichen Besprechung, als der Unfall gemeldet wurde. Das ganze Team stand frisch und ausgeruht bereit.“

Glastüren, hastige Rufe, ein langer Gang, viele Arme schieben sich unter mich und das Nußbett (ein aufblasbares Bett, das sich dem Körper anpaßt und alle Erschütterungen abfängt, es wird bei möglichen Wirbelsäulenverletzungen und Kopfverletzungen eingesetzt). In mir bildet sich eine Schmerzsäule, die sich so mächtig aufbäumt, daß ich weiß, jetzt geht nichts mehr. Bis jetzt habe ich immer gedacht, ich muß atmen und wach bleiben, denn wenn ich ohnmächtig werde, habe ich nicht mehr genug Kraft, um mich am Leben fest-

zuhalten. Aber jetzt ist mir das auch wurscht. Das Rappeln und Rufen im Röntgenraum, die Schreie, diese Wellen von Unerträglichkeit, ich sehe eine blonde Haarsträhne, die sich von der ordentlichen Frisur einer Frau im weißen Kittel löst und in Zeitlupe in ihr gerötetes Gesicht fällt. Dann wird das Bild wie im Film ausgeblendet.
Jemand schiebt mich eine kalte, steinerne Kellertreppe hinunter und legt mich auf einen feuchten, moosbewachsenen Steintisch. Zwei riesige Kerle mit Eisenhämmern kommen zu mir und schlagen auf meinen Körper ein. Sie schlagen ihn ganz flach und dünn. Ich schwebe unter der Kellerdecke und sehe auf dem schwarz-grünen Steintisch meinen Körper: er ist aus dünnem Goldblech und leuchtet.
Der nächste Impuls, der mein Bewußtsein erreicht, ist die weinerliche Stimme eines Mannes. Gems mir mein Mopped! I wui sofort mei Mopped ham! Eine strenge weibliche Stimme herrscht ihn an: wenns jetzt eana Pappn ned hoitn, dann schmeiß i eana naus, dann kennans eana Mopped suacha. Eine andere Stimme, geduldig: das Moped steht bei uns auf dem Parkplatz, ehrlich. Legen Sie sich bitte wieder hin. Die Welt ist wieder da. Sie besteht aus Mopeds und weinerlichen Männerstimmen, kompetenten Frauenstimmen und Engelsflügeln überall. Ich erinnere mich zwar an den Unfall, ich weiß wer ich bin und ahne wo ich bin und ich denke: ich bin nicht gestorben. Ich lebe noch. Aber ich fühle nichts. Kein Körper ist da. Kein Kopf, keine Hand, kein Bein. Einfach nichts. Nur, freischwebend, zwei große Ohren mit Flügeln, die im Raum herumfliegen und alles hören. Mehrere Stimmen beraten irgendwann über den Vespaunfall. Ich glaube, daß ich das bin. Aber wo sind die und wo bin ich? Es gibt auch Piep- und Knarrgeräusche um mich herum. Ab und zu spricht eine Frauenstimme zu mir. Sie sagt das universelle: Hallo! und ich denke an meine Oma, die immer Hallo! gerufen hat, wenn ich in Gedanken weit weg war und sie was von mir wollte. Einmal sagt sie: Sie sind operiert worden. Stundenlang waren Sie im OP. Ich denke: okay! Etwas in mir lacht aber ich spüre keinen Mund der sich verzieht, keinen Körper, der vibriert. Kommen Sie halt wieder zu uns! sagt Sie. Hören Sie mich? Zu Ihnen soll ich kommen, denke ich. Wo wird das sein? Und wie stellt sie sich das vor. Verwunderung, Hei-

terkeit. Gedanken steigen an die Oberfläche des Bewußtseins, immer deutlicher, immer drängender, dann ist wieder der Schmerz da. Ich bin zurück. Wo ist meine Tochter? frage ich. Sie: Wieso Tochter? Sie sind doch allein auf die Intensivstation gekommen. An der Erregung der Maschinen liest sie meine ab. Sie geht telefonieren. Später kommt Walli, von ihrem Freund Andy im Rollstuhl geschoben, sie ist nur schwach, nicht gelähmt. Die Erleichterung drückt mir Tränen in die Augen, aber es wird noch zwei Wochen dauern, bis ich zum ersten Mal losheulen kann. Die Schwester der Intensivstation wechselt mir das Hemd. Sie sieht die tätowierte Eidechse auf meinem linken Arm. „Mei, ist das süß!" ruft sie. „Hat das weh getan?"

Zwei Jahre später: das Knie, die Brüche im Oberschenkel, im Becken, im Rücken und an den Rippen sind geheilt. Ich habe die Retter zum Essen eingeladen. Alle sind erstaunt, überrascht. „Ich habe doch nichts Besonderes getan," winkt Professor Biemer ab. „Jeder hätte das getan." Nicht jeder war da und nicht jeder hätte es gekonnt. Manche fahren weiter, nur nicht verwickelt werden. Man stirbt ja an banalen Dingen. „Viele Verunglückte sterben am Schock," sagt Michael Schwedler, der Sanitäter. „Du denkst, sie sind okay, keine großen Verletzungen, sie sind versorgt. Plötzlich fallen sie um und sind tot." Ich sage Herrn Kandler, daß mich seine Stimme aus dem Schock herausgeschaukelt hat. Er lächelt. „Ich hab doch gar nicht so viel gesagt," sagt er verlegen. Der Sanitäter bedeckt sein Gesicht mit den Händen und wischt an den Augen herum. „Ich fahre jetzt seit acht Jahren, aber noch nie hat sich jemand bei mir bedankt. Die Leute finden das völlig selbstverständlich, daß man sie versorgt. Im Gegenteil. Geht was schief, sind wir schuld. Wenn ich Ihnen erzählen würde, was ich schon alles erlebt hab." Er schneuzt sich. „Einmal hab ich ein Kind gefahren. Es lag im Sterben. Ich bin von einer Klinik zur nächsten. Nirgends wurde es aufgenommen. Als ich endlich ein Krankenhaus in Nürnberg hatte und hinraste, starb es mir vor der Haustür.Ich muß nach dem Dienst eine Stunde joggen, sonst kann ich gar nicht schlafen!" Der Mechaniker nickt düster. Wie ist er draufgekommen, Walli die Zunge aus dem Rachen zu holen? „Ich hab halt das Blut aus dem Mund laufen sehen, da hab ich mir gedacht, daß die fei nicht erstickt. Ich schieb' die Klappe von ihrem Helm zurück und mach ihr vorsichtig den Mund auf, da ist alles voller Blut." Ein kleiner Handgriff für ihn, ein großer für Walli. Da sie bewußtlos war, wäre sie erstickt, wenn er nicht geholfen hätte. Wir hatten Glück: ein Professor der Chirurgie, ein Sozialarbeiter, ein Mechaniker mit gesundem und kühnem Menschenverstand, eine Freundin - alle waren zur richtigen Zeit am richtigen Ort. Alle finden es nichts besonderes geholfen zu haben. Wir stoßen an. Auf das Leben. Auf die Zivilcourage. Auf das Glück.

TANGER

Tanger erwacht. Der Muezzin singt sein Lied über die Autos, die vom Hafen fast bis Malabata Schlange stehen. Einige der Fahrer haben ihren kleinen Gebetsteppich auf der Straße neben dem Auto ausgebreitet und beten. Die Ferien sind zu Ende. Die Arbeiter aus Nordafrika müssen pünktlich wieder in ihren Betrieben antreten, sagt der Kellner in dem kleinen Café am Hafen, wo einige Übernächtige ihren ersten Pfefferminztee, süß und stark, schlürfen. Die Wirtschaftskrise macht sich bemerkbar, wer nicht rechtzeitig kommt, fliegt raus. Über den Hügeln des Riffgebirges geht blaß die Sonne auf und taucht die Stadt in fahles Licht. Der Fischhändler verliert auf dem Weg zum Markt einen Korb mit Fischen. Tote Augen starren zum Himmel, viele Hände helfen, die glänzenden Fische wieder in den Korb zu werfen. Zwei Händlerinnen aus dem Rif in rotweiß gestreiften Tüchern, mit Strohhüten auf dem Kopf debattieren lautstark. Ein Junge zupft an den Trauben und fängt eine Ohrfeige. Grünes Licht leuchtet aus dem Friseurgeschäft an der Rue Portogal. Nebenan putzt eine junge Frau die bunte Mosaiktreppe eines kleinen Hotels. Ein kühler Wind fegt durch die engen Straßen der Medina, der Altstadt.

Tanger ist ja sehr europäisch, sagte der Fotograf Peter Kullmann, als wir in Tanger ankamen. Zwei Tage lang versuchte er, einfach nur zu fotografieren. Dann rief er verzweifelt aus: Tanger ist schlimmer als jede andere moslemische Stadt! Die Menschen hatten ihm die Tür vor der Nase zugeknallt, seine Kamera weggestoßen, ihn wütend angeschrien oder sich einfach verhüllt und abgewandt.

Tanger ist ein Touristenzentrum und zugleich eine unberührbare Stadt, Dreh- und Angelpunkt internationaler Verbrecher- und Schieber-Organisationen und zugleich der poetische, magische Kessel, in dem arabische und afrikanische Weisheiten miteinander verschmelzen.

„Tanger hat ein Geheimnis, das es nicht preisgibt“, behauptet Rachel Muyal, Besitzerin der Buchhandlung „des Colonnes“ auf dem Boulevard Pasteur, ein Anlaufpunkt für Schriftsteller, Journalisten und Dichter aus aller Welt. Madame Muyal ist in Tanger geboren und hat die wilden Jahre der Wallfahrten zum geistigen Ziehvater und Guru der Beat-Dichter, Paul Bowles, mit erlebt, der auch heute noch viel besucht und von den Einheimischen fast wie ein Heiliger verehrt wird.

Im Cafe Rolling Stones (es liegt gegenüber von Barbara Huttons Haus, angeblich waren die Stones mal da, als sie mit Bachir el Attar, einem marokkanischen Musiker, Aufnahmen machten),begegnen wir Ahmed, der achtzehn Jahre im Knast gesessen hat, fließend fünf Sprachen spricht und von der Folter in marokkanischen Gefängnissen gezeichnet ist. Er beschreibt die Stadt so:„Tanger wird von den dschinns, den Geistern, gelenkt. Tanger ist ein mystischer Ort, wer Tanger besucht,wird davon beeinflußt, ob er das merkt oder nicht. Die Casbah wurde über einem Felsen errichtet, der von Grotten durchlöchert ist. Die Häuser der Casbah bewegen sich, sie scheinen zu atmen und zu stöhnen.“

Allen Grund zum Stöhnen hätten sie ja. In den vierziger Jahren kaufte die Woolworth-Erbin Barbara Hutton in der Casbah von Tanger einige nebeneinanderliegende Häuser auf, ließ die Zufahrtsstraße zu ihrem Haus verbreitern (was auch nur möglich war, weil Tanger in dieser Zeit unter spanischer und französischer Kontrolle stand), damit sie mit ihrem Rolls Royce bis zum Hauseingang fahren konnte und feierte so wilde Feste, daß selbst den hartgesottenen amerikanischen Säufern und Kiffern Hören und Sehen verging.

Nicht nur Dichter und Musiker wie z.B. Stones-Chef Mick Jagger und amerikanische Exzentriker lieben Tanger. Auch die französischen Maler Delacroix und Matisse lebten und arbeiteten hier. Im französischen Kunst-Zentrum „Galerie Delacroix“ etwas oberhalb vom Hotel Minzah kann man nicht nur Bilder dieser beiden Maler sehen, sondern auch moderne Kunst von zeitgenössischen marokkanischen Malern. Tanger hatte und hat eine starke anregende Wirkung auf Künstler aller Art. Cervantes wurde in Tanger vom Sultan in seinem Palast gefangengenommen, wo der Sultan Cervantes' Fähigkeit zu schreiben entdeckte und förderte. Der Legende nach ließ er Cervantes nicht frei, weil er fürchtete, daß dieser nicht weiterschreiben würde. Es gibt sicher tristere Orte auf der Welt als beispielsweise den Sultansgarten, in dem Cervantes schreiben durfte. Hibiskus- und Granatapfelbäume sorgen für Schatten, ein Springbrunnen plätschert lustig, farbenprächtige Kacheln verzieren die Mauern und Türmchen, und wer vom Café Le Detroit in den Garten schaut, glaubt wirklich das Paradies vor sich zu haben. Es gibt in der Casbah, im ältesten Ortsteil Tangers so poetische Ecken, so betörende Düfte und eine so wundervolle Musik, daß man wirklich zu träumen glaubt. Kinder führen Blinde und Gebrechliche durch die engen Gassen, in denen die Marktfrauen aus dem Riffgebirge, von den Einheimischen auch scherzhaft Kifgebirge genannt, weil dort der Hanf angebaut wird, den sie ungeniert rauchen, ihre Ware anbieten. Stellen Sie sich vor, sagt der Taxifahrer stolz, als wir vor der Stadt am Großmarkt vorbeifahren, das Obst, das ganze Gemüse, das hier verkauft wird, wächst hier in Marokko.

Auf einem Spaziergang durch die Altstadt entdecke ich die vielen Möglichkeiten, ein Sandwich zu einer Verwandlungssubstanz zu machen: Sand-Wish, Sandwichs, sandwhich? Sandwitch! Ich setze mich in eine kleine Bude am Gransocco, eine Bank, zwei Stühle, ein Tisch. Es gibt Fisch und Reis. Der kleine Junge, der ab und zu den Boden fegt und den Tisch abwischt, der nicht schmutziger und nicht sauberer davon wird, starrt mich mit großen Augen über dem Mäuerchen aus bunten Kacheln an. Mein Stift fliegt übers Papier, Menschen schleichen über den Platz, Einige vom Wüstenstaub benebelte Autos werden poliert. Ein Lautsprecher verkündet scheppernd, daß eine gewisse Veranstaltung nicht stattfinden wird.

Welche? Wann? Schon vorbei. Während ich esse, schauen mir alle zu, obs schmeckt und ich verschlucke mich an einer Gräte, weil ich andauernd zustimmend nicke. Alle lachen. Dafür ist das Essen außerordentlich billig und den Tee bekomme ich hinterher gratis. Wallende Djellabas, die Umhänge der nordafrikanischen Männer, streifen mich. Träge sitze ich einfach da, registriere aus dem Augenwinkel, daß der Fisch, den ich nicht aufessen konnte, jetzt einer Straßenkatze schmeckt, die sich das Stück beherzt einfach vom Teller geholt hat.

Tanger läßt sich mit einer Zwiebel vergleichen. Das Herz ist die Casbah, der alte Kern. Die Altstadt, Medina genannt, wird von ineinandergeschachtelten Häusern und Mauern mit Toren umschlossen. Um diese innere Schicht der Stadt hat sich die neue Stadt mit Prachtboulevards, Cafes, Hotels und Geschäften gebildet. Ganz außen wächst die Stadt weiter in Vororte und neue Wohnviertel.

Besonders schön läßt sich Tanger in seiner ganzen Entfaltung vom Hügel „Charf" hinter den großen Luxushotels an der Mittelmeerküste betrachten .

Auch die Entdeckung der Atmosphäre Tangers funktioniert nach dem Prinzip der Zwiebel. Der erste Eindruck, die Schönheit der Altstadt, das hektische Treiben, der Verkehr, der Lärm der modernen Großstadt liegen wie eine Schutzschicht über den Mythen und Geheimnissen dieser Stadt. Manche durchdringen diese Schicht nie. Es soll Touristen geben, die in Tanger die Hotelanlage nie verlassen, aus Angst vor Überfällen und Gewalt.

Meine erste Begegnung mit Tanger vor vielen Jahren war zugleich banal und sehr symbolisch - ein Kulturschock. Auf dem Busbahnhof ging ich in eine öffentliche Toilette. Ich trug einen Overall. Die Toiletten waren ohne Wände und Türen um eine Säule in der Mitte herumgruppiert. Alle Frauen ließen sich einfach auf den Toilettenschüsseln nieder, indem sie ihre weiten Röcke lupften und unterhielten sich angeregt. Um mich auf eine dieser Toiletten zu hocken, hätte ich mich praktisch nackt ausziehen müssen. Eine der Frauen bemerkte mein Dilemma. Sie warf mir eine Djellabah über und ich mußte nun nur noch mit der Verlegenheit kämpfen, in Anwesenheit aller Frauen aufs Klo zu gehen. Der unbefangene Umgang der Frauen miteinander, die Herzlichkeit und das Selbstbewußtsein, das die marokkanischen Frauen zeigten, stand im krassen Gegensatz zu dem, was ich über Frauen in moslemischen Ländern gehört und gelesen hatte. William Burroughs behauptete noch, daß er sich in Tanger so wohl fühlte, weil die Frauen im Hintergrund bleiben. Mag sein, daß er es so empfand, heute jedenfalls managen die Frauen den Markt, führen Geschäfte, stehen auf den Straßen und Plätzen und unterhalten sich und flanieren am Abend, wenn die Stadt zum Leben erwacht in großen, lebhaften Gruppen, eingehängt, lachend, schwatzend die Prachtstraßen von Tanger, vor allem den Boulevard Pasteur, auf und ab. Die kleinen Mädchen provozieren und schäkern im Schutz der vielen Frauen ihrer Familie. Die meisten Frauen sind verschleiert, manche tragen sogar diesen kleinen, äußerst unbequem wirkenden Gesichtsschleier, der mit einem Gummiband unter den Augen festgehalten wird, schüchtern, zurückhaltend oder gar machtlos wirken sie keineswegs. Nur die Cafés, wie das Cafe de France oder das Cafe de Paris sind fast ausschließlich von Männern bevölkert.

*

Auf der Suche nach dem ehemaligen Haus der Schriftstellerin Jane Bowles in der Rue de Boukadnel im Stadtteil Marshan wandern wir westlich aus der Medina, der Altstadt hinaus und geraten in eine Straße, die bei einem kleinen Café endet: Rue Haffa. Ohne es zu wissen, sind wir hier an einem der schönsten Fleckchen Tangers gelandet. Laut Paul Bowles ist es der schönste Ort überhaupt. Das Café ist hoch über dem Meer auf einen Felsen gebaut und hat Tische und Stühle auf mehreren schmalen Terrassen eines bezaubernden Gartens. Bei süßem, starkem Pfefferminztee genießen wir den Sonnenuntergang über dem Atlantik, ahnen das Mittelmeer, das östlich von uns durch die Straße von Gibraltar fließt und verkneifen uns die freundlich angebotene Kif-Zigarette. Die Einheimischen liegen auf Stohmatten, rauchen, essen Haschischkuchen und Majoun, die berühmte Haschisch-Marmelade und spielen Karten. Irgendwo wird ein Saiteninstrument gespielt und die Männer fangen an zu singen, mitten im Gespräch, lachen, hören wieder auf. Als wir nachts in die

Stadt zurückgehen, werden wir plötzlich von Kindern, denen wir kein Geld gegeben haben, mit Steinen beworfen. Hunde bellen.

Am Sonntag ist Markttag und wir beschließen, uns anzuschauen, was die Berber (les barbares) anzubieten haben. Aus einer kleinen Schusterwerkstatt ruft der Schuster laut: „Allah!" Lautes Klappern von Sandalen zeigt, daß sich jemand angesprochen fühlt. Kleine Straßenjungs schleichen sich in ein einheimisches Gasthaus, um Essensreste zu ergattern. Der Restaurantbesitzer wirft sie wütend hinaus. Eine Frau sammelt Pommes Frites und etwas Huhn in eine Serviette, legt Brot drauf und schickt ihren Jungen, es den Buben auf der Straße zu geben. Wie ausgehungerte junge Hunde stürzen sie sich auf das Essen. Überall wird etwas verkauft, in jedem Hauseingang sitzt jemand mit Kaugummis, Kräutern, Tomaten, Werkzeug, Zwiebeln, billigem Modeschmuck. Auf der Treppe die zum Markt führt, hat sich ein Medizinmann niedergelassen. Als der Fotograf die Echse fotografieren will, die über Papiertaschentücher gebeugt steht (sie ist tot und getrocknet), gerät der alte Zauberer in Rage. Der Lampenhändler im Laden gegenüber erklärt, daß man einen Zauberer nicht fotografieren darf, daß er auch nicht mit uns sprechen will. Das alte, geheimnisvolle Tanger läßt die Jalousie herunter. Wir ziehen uns frustriert ins Çafe Rolling Stones zurück, trinken ein paar Pfefferminztees und sinnieren über die unerreichbare Nähe dieser Stadt.
Ich beschließe, noch einmal allein zum Zauberer zu gehen. Als ich hinkomme, lächelt er. Der Junge des Lampenhändlers übersetzt, als ich ihm von meinem Unfall erzähle und daß ich gern Medizin von ihm hätte. Er deckt seinen Stand zu und bittet den Lampenhändler aufzupassen. Dann führt er mich in die Casbah. Sein Hauseingang ist schmal und niedrig. Im Haus selbst haben bequem 1 1/2 Zwerge Platz, aber der Alte, der Junge, der übersetzt und ich zwängen uns hinein. Auf dem Boden liegen wunderschöne alte Sitzkissen und in einer Ecke sitzt eine Frau, so alt, daß man vor lauter Falten ihre Augen gar nicht sieht. Licht fällt durch ein schmales Fenster in den Raum. Die alte Frau rührt etwas Fett auf einem Brett an, auf das Inschriften graviert sind. Ich muß das Fett vom Brett lecken. Naja,

jetzt ist es zu spät für einen Rückzieher. Dann bekomme ich noch ein Fläschchen mit einem wohlriechenden Balsam zum Einreiben und als wir schließlich wieder am Stand des Medizinmanns sind, schenkt er mit eine Eidechsenhaut. Der Fotograf hat eine kleine Krise, als ich ihm die Eidechse zeige, die er nicht einmal fotografieren durfte und das Zimmermädchen hat auch eine Krise, als sie die Eidechse sieht, die ich auf dem Fensterbrett in die Sonne gelegt habe.

Am nächsten Tag fahren wir auf den Spuren der Beat-Dichter nach Cap Spartel. Der Taxifahrer zählt stolz all die Villenbesitzer der hochherrschaftlichen Anwesen auf, saudiarabische Könige, Saddam Hussein, der marokkanische König, seine Mutter, seine Schwester, Malcolm Forbes... Am Cap Spartel zeigt er uns ein paar Schaumkronen auf dem Meer und erklärt uns ganz ernst, daß genau an dieser Stelle das Mittelmeer mit dem Atlantik kämpft. Immerhin ist es eine schöne Geschichte. Der Fotograf ist indessen wieder in eine unangenehme Auseinandersetzung verwickelt: er hat einen Touristenhändler mit dessen Einwilligung fotografiert, der will jetzt aber 200 Dirham haben und als Peter nicht zahlt, wirft er ihm in einer einmalig modernen Version einen Fluch in Form von etwas Cocacola aus einer weggeworfenen Büchse hin. Die Atmosphäre entspannt sich, als Peter dem Händler schließlich Geld gibt und in einen wunderschönen Garten aus 1001 Nacht eingeladen wird, wo einige Gärtner Gemüse anbauen und einen verträumten Teich pflegen. Zwischen den Feigenbäumen, den Granatäpfeln und den wild wuchernden Blüten wird mir ein Teekraut gebracht, es heißt wie ich, Luisah, und vertreibt Magen- und Darmkrankheiten. Im Innenhof des Leuchtturms von Cap Spartel, in dem man für 10 Dirham hineingehen darf (und sogar hinaufsteigen), sprudelt eine Mineralquelle und ich versäume es nicht, ein Glas Wasser davon zu trinken - was mir bestens bekommt! Hier auf den Felsen des Cap Spartel wurde die Asche des Lebenskünstlers, Malers und originellen Restaurantbesitzers Brion Gysin verstreut.

Natürlich machen wir einen Abstecher zu den Herkules-Grotten, an denen kommt man einfach nicht vorbei. Hier haben Barbara Hutton und David Herbert, exzentrischer Sproß des Earls of Pembroke und eine lokale Berühmtheit, Feste veranstaltet, in denen eine Grotte voll Champagner, eine andere voll Haschisch war. Ich will nicht verheimlichen, daß ich weiterleben könnte, ohne die Grotten gesehen zu haben (eindrucksvoller ist da ja noch der „Fußabdruck" des Herkules, kurz vor Cap Spartel), aber die Führung war eines meiner witzigsten Erlebnisse. Der gelangweilte junge Mann in Jeans, T-Shirt und Baseballmütze (Schirm nach hinten, cool) rattert kaugummikauend die Geschichte herunter:„ Ist alles alt, echt, schon vor zweitausend Jahre. Komm andere Platz kucken. Dann trinken. Schön, ja. Alles Atelantik hier. Kuck mal Platz von Herkules. Da Tisch. Da Bank. Alles alt. Und diese Grüne da. Wunderland Afrika!" Der Besitzer der Teebude kocht uns die Kräuter, die uns der Gärtner von Cap Spartel geschenkt hat zu feinstem Tee. Wir sitzen in der steifen Brise und schauen über den menschenleeren Strand. Zweitausendfünfhundert Kilometer Sandstrand, schwärmt der Taxifahrer, der auch den frischen Tee trinkt. Leider ist die Strömung ein bißchen gefährlich und baden ist praktisch nicht möglich, weshalb die Einheimischen auch nur respektvoll Steine ins Wasser werfen.

Wer schwimmen will, geht an den Mittelmeerstrand, östlich von Tanger. Malabata ist am Wochenende das Ziel aller badefreudigen Einheimischen und Touristen. Hier ist der Club Med, hier stehen die großen Hotels. Der Sandstrand ist lang, breit und sehr fein. Marokkanische Familien feiern das Wochenende mit Picknick und Spielen. Im „Gandori" Gartenrestaurant genießen wir den lauen Abend und das Bier und hören den Männern zu, die sich singend unterhalten. Das etwas weiter entfernte, wunderschöne Cap Malabata wird vom marokkanischen Militär als Ausguck benutzt, weshalb man auch den Leuchtturm nicht besichtigen darf. Unbeirrt durch das Schild „passage interdit" (Durchgang verboten) sitzen die BesucherInnen auf Stühlen zwischen Zedern und windschiefen Kiefern und genießen den Blick auf Gibraltar. Ein kleines Cafe sorgt für Tee und Sandwiches. Der Fernseher läuft. Interessiert verfolgt man die Leichtatlethikmeisterschaften. Der junge Kellner lernt im Goetheinstitut von Tanger deutsch und plaudert ein bißchen mit uns. Schiffe ziehen durch die Straße von Gibraltar, kleine, große, schwere Tanker, Fischerboote, die Fähren zwischen Spanien und Marokko leuchten im letzten Abendlicht auf. Die Soldaten spielen unter den Bäumen Karten und holen sich Essen aus dem Cafe. Nicht die schlechteste Art Soldat zu sein!

Wir haben so viel von Guitta's Restaurant gehört, daß wir beschließen, dort zu Mittag zu essen. Im Garten mit wild wuchernder Blütenpracht streichen Katzen herum, zwei Tische sind auf dem Rasen gedeckt, immerhin haben wir 28 Grad. Aber die Gäste haben sich allesamt im Inneren verteilt. Da blüht Peter, der in einem englischen Internat erzogen wurde, auf: die Herren halten eine gepflegte, kleine Konversation in der Bar bei einem Sherry ab, ehe sich sich auf Mercedes Guitta's Köstlichkeiten stürzen. Zwei ältere Damen, die abwechselnd englisch, französisch und spanisch parlieren, beklagen sich über den scharfen Wind, der seit heute weht, ein hagerer alter Mann mit Hakennase schnüffelt an dem frischen Gemüse. Guitta's ist eine Art Exilanten-Kantine. Ein Zufluchtsort für jene, die plötzlich einen Couscous-Infarkt bekommen und sich nach guter europäischer Küche sehnen. Tafelsilber, feinste Tischwäsche und Möbel im Kolonialstil erinnern an Glanzzeiten. Der uralte Kellner, dessen Augen in seinen dicken Brillengläsern wie Fische in einem Aquarium hin und her schwimmen, trägt einen roten Fez mit Bommel auf dem Kopf und schlingert durch das Restaurant wie durch ein sinkendes Schiff. Das Essen ist ausgezeichnet und nicht teuer. Wir hören den Unterhaltungen an den anderen Tischen zu und können uns ein Kichern nicht verkneifen. Hier ist die Zeit wirklich stehen geblieben. Etwas von dem alten Tanger, dem internationalen Flair, ist erhalten geblieben wie eine wunderschöne getrocknete Blüte, die noch schwach duftet.

Nach Guittas sind wir reif für einen Besuch bei Paul Bowles, der lebenden Legende von Tanger. Der große, alte Mann der amerikani-

schen Literatur liegt zerbrechlich zwischen seinen grün-weißgestreiften Laken und erzählt von früher, da hat er lange Spaziergänge und Streifzüge durch die Stadt gemacht, hat den Sonnenuntergang im Haffa Café genossen, auf dem Markt frische Früchte gekauft, der Musik von traditionellen Straßenmusikanten gelauscht und einen Kaffee im Café de France getrunken. Er hat Barbara Hutton in ihrem prachtvollen Casbah-Anwesen besucht und die Bilder seines Freundes Ahmed Yacoubi im Hotel Rembrandt bewundert. An milden Tagen hat er sich von seinem langjährigen Freund Abdelwahab nach Cap Spartel fahren lassen, wo er von den turbulenten Jahren mit seiner Frau Jane und den Beatpoeten träumen konnte. Im „Himmel über der Wüste“ heißt es: Er empfand sich nicht als Tourist, er war ein Reisender... Während der Tourist am Ende einer Reise nach Hause eilt, bewegt sich der Reisende, der an einen Ort genauso wenig gehört wie an einen anderen, langsam von einem Teil der Erde zum nächsten.“
Wie stark muß diese Stadt sein, um den Reisenden Paul Bowles nun schon seit über vierzig Jahren festzuhalten! Auf dem Weg zurück in die Stadt machen wir einen Abstecher über den alten Friedhof von Tanger. Auf dieser verlassenen Müllkippe liegt niemand begraben, der noch vermißt, betrauert würde. Und so liegt auch Jane Bowles nicht hier, sondern in Malaga und Jean Genet ruht in Larache, nicht weit von Tanger. Kreuz und quer stehen die Grabsteine an Gräbern, die wie Betten steinern eingerahmt, verkommen. Leere Whiskyflaschen, Müll, Katzen, herumstreunende Jugendliche - hier kannst du ruhig fotografieren, sage ich zu Peter. Das scheint der einzige Ort in Tanger zu sein, wo sich niemand zuständig fühlt.
Als wir aus dem Friedhof hinaus gehen wollen, finden wir kein Tor. Es gibt kein Tor, sagt ein junger Mann achselzuckend. Wir laufen an der Mauer entlang und schauen auf all die kleinen Werkstätten hinunter, wo geschmiedet, gehämmert, geschweißt wird. Dazwischen werden Rinderfüße abgeflammt und aufgeschichtet, Huf, über Huf, seltsamer Stapel! Wozu, rufe ich hinüber, na, zum Essen, was sonst. Wir finden keinen Ausgang. Einen Moment lang habe ich die Vision, daß wir hier festsitzen: Gefangen im Friedhof von Tanger mit dem

Blick auf einen Haufen Rinderfüße, schwarz verkohlt! Ein Spalt in der Mauer tut sich auf. Wir steigen durch die Ostwand aus. Der Lärm der sehr modernen, sehr europäischen Stadt Tanger hat uns wieder. Aber unter dem Asphalt schlummern die dschinns in ihren Grotten und warten darauf, Fremden den Kopf zu verdrehen.

DIE TÜR IST OFFEN
Interview mit Paul Bowles in Tanger

Seit Bernardo Bertolucci Paul Bowles' ersten Roman „Der Himmel über der Wüste“ zwanzig Jahre nach seinem Erscheinen 1949 verfilmte, ist Bowles, der ein wenig in Vergessenheit geraten war, wieder international bekannt. Ein Mythos war er schon immer. Er kann als geistiger Ziehvater und Guru der Beat-Generation gesehen werden. Jack Kerouac, Allen Ginsberg, William Burroughs, Gregory Corso und Lawrence Ferlingetti, die bekanntesten Protagonisten der Beat-Lyriker besuchten ihn in den fünfziger und sechziger Jahren in Tanger, wo er mit seiner Frau Jane lebte und arbeitete. Jane Bowles erlitt Ende der sechziger Jahre einen Hirnschlag und starb 1973 in einem Pflegeheim in Malaga. Seither lebt Paul Bowles sehr zurückgezogen, sammelt arabische Musik, schreibt die Geschichten arabischer Poeten und Erzähler wie Mohammed Mrabet oder Choukri auf, die man in der Librerie des Colonnes auf dem Boulevard Pasteur von Tanger kaufen kann. Die reizende Besitzerin, Mme Rachel Muyal kennt die Poeten und Literaten noch aus früheren Zeiten, als William Burroughs im Hotel Muniria (von Gregory Corso wegen der wilden Drogenräusche Hotel Delirium genannt) wohnte und sein Buch „The Naked Lunch“ zusammenbaute. „Wir wußten ja nicht, daß aus all diesen Leuten mal berühmte Schriftsteller werden würden!“ sagt sie „Burroughs nannten alle nur den unsichtbaren Mann, weil er so dünn war.“ Sie lacht. „Aber Paul Bowles war immer so elegant und hatte so gute Manieren. Kaum zu glauben, daß all diese wilden Typen zu diesem feinen Mann kamen und ihn zum Vorbild hatten.“ Ihre Lieblingsautoren sind Choukri, Mrabet und „natürlich, Paul Bowles...“

Vieles wird über ihn geschrieben und viele behaupten, ihn besucht zu haben. Er kümmert sich schon lange nicht mehr darum, Irrtümer richtig zu stellen.

Im Treppenhaus seines Hauses herrscht infernalischer Lärm. Ganz oben auf dem Dach läuft ein Radiorecorder auf höchster Lautstärke. Wir klingeln. Eine Frau öffnet die Tür, die ich später als die amerikanische Fotografin und alte Bowles-Freundin Cherie Nutting identifiziere.

Sie verhandelt zuerst mit uns (do you have an appointment? no), schließt die Tür. Lange Zeit tut sich nichts mehr. Dann kommt sie wieder und fragt mich, ob ich eine Visitenkarte habe. „Ich habe nie Visitenkarten.Ich verlasse mich immer auf meine Ausstrahlung." scherze ich lahm. Sie schließt die Tür wieder. Der Fotograf hält es für keine besonders gute Idee, als professionelle Schreiberin keine Visitenkarte zu haben. Ich erkläre ihm, daß man sich auf eine Visitenkarte schließlich alles drucken lassen kann, das beweist ja nichts. „Wenn eine Geschichte für mich bestimmt ist, kommt sie auch ohne Karte. Und wenn nicht, dann kann ich drauf verzichten". sage ich, kleinlaut. Denn es rührt sich nichts. Da geht die Tür auf. Wir sollen reinkommen, aber wirklich nur kurz, denn Paul Bowles ist krank. Er kann nicht aufstehen.

Er fragt mich ein bißchen aus, seltsam dieser gebrechliche alte Körper und das Lachen, das in seinem Buben-Gesicht tanzt. Wir bekommen einen Interviewtermin am übernächsten Tag.

Paul Bowles lebt seit fast vierzig Jahren im selben Appartementhaus, in einer kleinen Wohnung, die auch im Hochsommer gut geheizt ist, inmitten von tausenden von Büchern und Musikkassetten, die er fast alle selbst aufgenommen hat.

Als wir zum verabredeten Interviewtermin ankommen, ist gerade der Masseur gegangen. Paul Bowles öffnet uns selbst die Tür. Die ganze Wohnung duftet nach Massageöl.

Luisa Francia: Sind die Besucher seit der Bertolucci-Verfilmung von „Himmel über der Wüste" mehr geworden?

Paul Bowles: Oh es waren vorher auch schon mehr als genug. Jetzt kommen mehr Japaner. Sie sind immer sehr höflich. (er richtet sich mühsam auf seinen Kissen auf) Der Mann, der mich versorgt kommt immer erst so gegen vier (Mohammed Mrabet, Schriftsteller und Freund von P. B.)...

L. F. In der Dillon-Biographie von Jane Bowles sind Sie mit folgenden Sätzen zitiert: Das Problem ist, daß man das Leben denkt, anstatt es zu leben. Und ... der Schlaf hilft auch nicht, immer ist der gleiche Käfig um einen herum. Wie sehen Sie das heute? Fühlen Sie sich noch so, wie im Käfig?

P. B. Ich sagte immer, daß das Bewußtsein ein Käfig ist, das stimmt, man könnte auch sagen, das Leben ist ein Käfig, aber das ist in Ordnung, denn die Tür ist offen. Die Tür ist immer offen, man ist nicht gezwungen, im Käfig zu bleiben. Aber die meisten Menschen bleiben im Käfig, sie sehen die offene Tür nicht.

L. F. Naja, man muß es ja auch verantworten, wenn man ins Freie geht und freie Entscheidungen trifft.

P. B. (lacht) Wenn man die Tür des Lebens, diesen Käfig öffnet, wartet außen der Tod. Da muß man sich halt entscheiden, ob man gefangen im sicheren Käfig bleibt, oder hinaus geht und sich stellt.

L. F. Wie leben Sie jetzt? Arbeiten Sie noch.

P. B. Oh ja. Ich habe haufenweise Briefe zu beantworten.

L. F. Beantworten Sie denn alle Briefe?

P. B. Nein! Aber einige muß ich schon beantworten. Zum Beispiel die von meinem Agenten, die vom Finanzamt (lacht spitzbübisch), der diversen Verleger natürlich...

L. F. Von was leben Sie? Sind Sie reich?

P. B. Was heißt für Sie reich?

L. F. Für mich heißt reich sein, immer genug Geld zu haben, ohne sich Sorgen ums Überleben und die Freuden des Lebens zu machen.

P. B. (lacht herzlich) Das ist nicht gerade die allgemeine Definition von reich. Sagen wir, ich bin nicht reich, aber ich mache mir auch keine Sorgen. (zögert, lacht wieder) Ich habe keine Zukunftssorgen (er ist 82).

L. F. Offenbar bekamen Sie durch die Bertolucciverfilmung Ihres Buches „Der Himmel über der Wüste“ keinen Pfennig mehr. Stimmt das?

P. B. Ja leider. Ich verkaufte die Filmrechte 1950, das ist eine lange Zeit und ich bekam praktisch nichts dafür.

L. F. Das ist ja wirklich ein Beschiß (rip off).

P. B. (denkt über das Wort rip-off nach, lacht herzlich) rip off, yes, of course, thats it.
Es war die Schuld meiner Agentin, sie hätte die Rechte mit einem Zeit-Limit von 20 Jahren abgeben sollen. So hab ich keinen Pfennig gesehen.

L. F. Wurden Sie denn für Ihre Rolle im Film bezahlt?

P. B. Ja, das schon.Aber ich hatte ja nur fünf Drehtage und den letzten Tag bezahlten sie mir gar nicht mehr. Sie hatten glaube ich 24 Millionen Dollar, ich weiß nicht, wo das alles hin ging,
jedenfalls gaben sie es für dumme Dinge aus,zum Beispiel bauten sie das Fort komplett neu, das wäre gar nicht nötig gewesen.

L. F. Ich wollte Sie auch etwas über ihre Tätigkeit als Komponist fragen. Ich habe gelesen, daß Sie einmal ein Stück von Kurt Schwitters vertonten.

P. B. Oh ja. Es freut mich, daß es noch Menschen gibt, die ihn kennen. Als ich in Deutschland war, in den dreißiger Jahren, kannte ihn niemand (überlegt und ruft erstaunt aus) das war vor 62 Jahren! Ich fand ihn sehr amüsant. Er nahm mich mit auf die Müllkippe von Berlin, da wühlte er immer herum, wie jemand der am Verhungern ist. Aber er verarbeitete seine Funde in Collagen und Kunstwerken. Er hatte einen kleinen Sohn, der uns begleitete, er fand mal eine alte Binde, auf die er sehr stolz war.So eine Bandage... (lacht). Schwitters hatte einen wunderbare Werkstatt, groß, viele Räume...

L. F. Kann man die Musik, die Sie komponiert haben, irgendwo hören?

P. B. Früher gab es viele Platten und jetzt gibt es auch einige CDs, ich habe welche hier.. Das Mädchen, das hier aufräumt verräumt immer alles...Die Firma, die diese CDs herstellte heißt Et Cetera, es ist eine holländische oder belgische Firma. Ich glaube sie vertreiben die auch in Deutschland. Ich glaube, daß sie ihre Aufnahmen sogar in Deutschland machen. Ich würde sie ihnen gern zeigen oder geben. Sehen Sie irgendetwas außer Kassetten hier?

L. F. Ich habe nur CDs von John Cage gefunden.
Gibt es einen Ort in Tanger, den Sie besonders lieben?

P. B. (deutet auf sein Zimmer) Diesen Platz liebe ich am meisten. (lacht) Und natürlich das Haffa Café.

L. F. Jane Bowles, Ihre Frau sagte, als sie Sie kennenlernte: dieser Mann ist mein Feind. Können Sie sich vorstellen oder wissen Sie, was sie damit gemeint hat?

P. B. Das habe ich nie verstanden. Ich habe sie gefragt. Viele haben Sie danach gefragt, sie sagte immer nur: ich wußte, er ist mein Feind.

L. F. Ich fand immer, daß Ihre Beziehung eine der wenigen Möglichkeiten war, zusammen zu leben und zu arbeiten. Es schien mir eine so sinnvolle Art einer Beziehung, sie faszinierte mich.

P. B. Ja, ich weiß auch nicht was sie meinte. Aber natürlich kannten wir uns gerade fünf Minuten als sie das sagte: c'est mon enemie. Sie sprach immer französisch.

L. F. Sie sprachen immer französisch zusammen?

P. B. Immer wenn wir dazu Lust hatten, zum Beispiel wenn wir ausgingen, z.B. in Restaurants. Sie fühlte sich weniger beschränkt, wenn sie französisch sprach. Es war nicht ihre Sprache oder meine. Sie hatte das Gefühl, alles auf französisch ausdrücken zu können, ohne peinlich berührt zu sein oder Angst zu haben. Sie fühlte sich freier in dieser Sprache.

L. F. Sie lebte in der Wohnung unter dieser? (in Janes Wohnung lebt jetzt zeitweise die amerikanische Schriftstellerin und Forscherin Buffie Johnson, auch Patricia Highsmith verbrachte eine Zeit hier).

P. B. Ja. Bis sie in das Heim nach Malaga kam, als sie schwerkrank war.

L. F. Sind Sie mit der Biographie einverstanden, die Millicent Dillon über Jane schrieb.

P. B. Ich finde, daß es eine akzeptable Arbeit ist, wenn auch hoffnungslos, denn Dillon kannte Janie nicht und sprach fast nur mit Menschen, die sie erst gekannt haben, als sie schon den Gehirnschlag hatte, dadurch ist das halbe Buch über eine Jane, die krank war. So erscheint Jane natürlich ganz anders, da ist sie eine ganz andere Person als die, die sie wirklich war.

L. F. Ich hörte, daß Millicent Dillon auch eine Biographie über Sie schreibt.

P. B. Das hat sie vor, ja. Ich habe ihr das vor Jahren schon erklärt, als sie mir von dieser Absicht erzählte, nein, nein, sagte ich, ich brauche keine Biographie, ich habe ja selbst schon eine Autobiographie geschrieben (Without Stopping. William Burroughs nannte sie scherzhaft „Without Telling", die Autobiographie ist auf deutsch bei Goldmann unter dem Titel „Rastlos" erschienen, sowie „Paul Bowles. Fotografien" im Wiener Scalo Verlag) Ich war nicht einverstanden mit einer Biographie, sagte aber, wenn irgendwann mal jemand eine schreiben soll, dann sie. Aber dann kam dieser Mann, Sawyer-Laucanno und beschloß einfach, meine Biographie zu schreiben. Sie ist schon auf dem Markt, in England und den USA, aber sie ist schrecklich. Wirklich schlecht, er hat nichts richtig überprüft und alles falsch geschrieben. Zum Beispiel (lacht) da ist ein Bild von meinem Vater im Buch, von dem er behauptet, daß ich das bin, ich meine, das Bild wurde 189O aufgenommen!! Oder ein Foto zeigt meine Großmutter mit einem Kind auf dem Schoß, da steht drunter, das ist Paul auf dem Schoß seiner Mutter, da war ich noch gar nicht geboren. Er hat sich einfach nicht darum gekümmert, die Dinge nachzuprüfen, es war ihm egal.

L. F. Gibt es etwas, das sie gern tun würden oder bedauern, nicht getan zu haben?

P. B. Vieles. Ich würde gern herum laufen können. Ja.Von reisen ganz zu schweigen. Vielleicht kann ich es ja wieder einmal.

L. F. Wenn Ihnen eine Fee einen Wunsch frei geben würde, was würden Sie dann wünschen?

P. B. Ich würde mir wünschen, wieder so gehen, ja laufen zu können, wie ich es noch vor zehn Jahren konnte, ehe meine Arterie im Bein verstopfte. Es ist schon nett, gesund zu sein, natürlich ist es das einzige, was man sich wünscht. Aber wenn die Fee meine Feindin wäre...

L. F. Feen sind doch nie schlecht. Glauben Sie, eine Fee würde Ihnen was Schlimmes wünschen?

P. B. Oh ja. Es gibt ja schlimme Feen. In Märchen kommen die doch ständig vor. Da fallen Leute tot um und solche Sachen.

L. F. Ich glaube, die haben einfach schlechte PR. (er lacht)

P. B. Sie werfen einen sogar ins Koma. Diese böse Fee da, in diesem deutschen Märchen, Dörnröschen, was da passiert ist, ist doch nicht so lustig.

L. F. Ich würde sagen, das war eine Art Initiation, nicht wahr?

P. B. So habe ich das noch nie gesehen! Es hat ihr möglicherweise viel Ärger erspart, daß sie all die Jahre geschlafen hat.

L. F. Sie wurde ihre Eltern los (er lacht herzlich). Wir haben ja versprochen, Sie nicht allzu lange zu stören.

P. B. Oh, warum wollen Sie denn schon gehen, das war gar nicht störend. Wenn immer Sie wieder kommen wollen, tun Sie es doch bitte. Haben Sie Antworten auf Ihre Fragen gefunden?

L. F. Einige Fragen hätte ich noch: gibt es Schriftsteller, moderne, die Sie heute interessieren, die Sie gern lesen?

P. B. Es gibt einen sehr guten Schriftsteller in England, Norman Lewis. Das ist sicher der beste lebende Autor, jetzt wo Graham Greene tot ist.

L. F. Welche Musik hören Sie?

P. B. Von lebenden Komponisten? Die, die ich liebe sind alle tot. Natürlich liebe ich am meisten Stravinksy, den habe ich mein Leben lang gern gehört. Und wir hatten einen guten amerikanischen Schriftsteller, den ich sehr mochte, Flannery O'Connor. Aber alle Schriftsteller, die ich so gelesen habe kamen nicht an Norman Lewis heran. Haben Sie nichts von ihm gelesen?

L. F. Nein.

P. B. Lesen Sie ihn. Er schreibt Romane. Wirklich gut.

L. F. Ich habe alles gelesen, was Sie geschrieben haben.

P. B. Ich bin nicht einer meiner Lieblingsschriftsteller (lacht).

L. F. Sie sind schon einer meiner Lieblingsschriftsteller. Rasiermesserscharfe Sprache, die mit jeder Benutzung schärfer wird. Das hat für mich viel verändert.

P. B. Wirklich? Zum Guten?

L. F. Ja. Ihre Bücher und auch Plain Pleasures von Jane Bowles haben mein Bewußtsein von Sprache und Ausdruck intensiviert. Ihre Bücher sind für mich wie sehr klare, gnadenlose Spiegel. Frei von romantischen Gefühlen. Eine meiner Lieblingsgeschichten ist „The Circular Valley".

P. B. Ja, das ist ein seltsamer Platz, es gibt ihn wirklich in Südamerika (irgendwo an der Decke klopft es dauernd).
Das geht schon seit sechs Wochen so. Sie machen ein neues Dach. Wenn es regnet, tropft das Wasser überall herein. Direkt auf mein Bett, dann bekomme ich nasse Füße.Stellen Sie sich vor, Sie schlafen trocken ein und wachen durchnäßt wieder auf!

L. F. Vielleicht hat das irgendetwas mit Ihrer Krankheit zu tun?

P. B. Vielleicht.

L. F. Sie sollten Ihr Bett woanders hinstellen.

P. B. Ich wählte eine drastischere Lösung: ich lasse das Dach reparieren. (lacht) Und das ist wirklich nötig, denn das Wasser kommt ja in der ganzen Wohnung überall durch. Aber es ist eine Qual. Sie fangen morgens etwas vor acht an und arbeiten den ganzen Tag. Kein Gedanke an Schlaf nach acht Uhr morgens. Vier Leute arbeiten da oben.

L. F. Wann sind sie denn damit fertig.

P. B. Inshallah!

L. F. Früher waren Sie politisch sehr aktiv, ich glaube, Sie waren sogar in der kommunistischen Partei. Engagieren Sie sich noch politisch?

P. B. Ja, damals erschien mir das sinnvoll. Aber Jane und ich kamen mit dem, was Marx und Engels und Lenin schrieben nicht zurecht. Jane sagte immer: ich verstehe kein Wort. Der Sohn eines marokkanischen Freundes fragte einmal seinen Vater: was heißt denn eigentlich Politik (qu'est-ce que c'a veut dire politique)? Mein Freund sagte darauf, das ist das französische Wort für Lüge.

Klodeckelblau.

Success. Its a mind fuck.
(Abgeänderter Werbeslogan)

Leb oder stirb, aber vergifte nicht alles.
(Anne Sexton)

Ich würde gern ein Gedicht schreiben nur für dich da kämen Zitronenscheiben vor und Augen. Blau. Einschlafen im Kino. Eine heisere Stimme käme vor. Dein Lachen auch. Ein Fernseher der schwebt. Und Frauen. Viele.
Aber. Ich sitz in einem Zug, Nebelschwaden, daheim ne Katze hier nen Kater schütte Wasser, Saft, Tee, Kaffee wahllos in mich hinein und höre bei Gesprächen mit, die zu führen ich noch nicht (acht Uhr morgens) in der Lage bin.
In meine schlaflos flirrigen Gedanken fallen in jeder Kurve ein paar Reisende mit oder ohne Taschenrechner. Das pfirsichfarbene Mitropalicht im Speisewagen wackelt im Bahnhof Kempten ein + graue Gesichter wenden sich ab in Richtung Hölle oder Arbeit oder was weiß ich. Der Kaffee schmeckt, als hätt ihn jemand durch den Ganges getrieben und dann zutode erschreckt.
Der Zollbeamte schreibt sich meinen Namen auf + flüstert in ein Sprechgerät erinnert mich an schlechte Zeiten als ich mit MPs aus Zügen rausgeholt Sympathisantin genannt + mitgenommen wurde. Früher. Heute nicht.
Über Immenstadt schwebt ein Milan und auf dem Klo sind alle Deckel blaugrün nicht schwarz wie in Italien wo ein vor Liebe Rasender mir folgte und mich liebte während ich die Hände wusch.
Ich fahr vorbei am tausendfachen Traum Alptraum vom kleinen Eigenheim, die Augenlider schwer, die keine Eindrücke mehr zulassen weil sie von inneren Bildern schon randvoll überlaufen.
Ich habe nichts verloren nichts gefunden, bin nicht verliebt, gebunden, getrieben oder traurig. Der Schnee ist mir Erinnerung an kalte

Füße warme Hütten. Bäume seh ich vor meinem inneren Auge stürzen, Stimmen wiegen mich in Schlaf + begleiten den flackernd rastlosen Puls des Zugs der leise vorwärtsdrängend Bilder weckt + wieder mit sich nimmt.
Ich hätte gern Gepardenflecken, Tigerkrallen, Eulenaugen oder
einen Füller von MontBlanc. Statt dessen schreib ich mit geliehnem
Kugelschreiber vom Speisewagenkellner „Toto, Lotto, Lotterie"
da gewinn ich nie.
Das Glück ist hautnah über mir, der Kaffee schwappt. Die Schienen zittern kilometerweit voraus. Schneeflecken liegen weißen Wolken gleich auf Standardgras nitratversaut. In meinem Kopf die Farben
von Kalkutta + mein Hirn ist ein Kaleidoskop
das mit jedem Ruck des Zuges neue Bilder kombiniert auch
deins dazwischen: sanfte Augen, ruhelos, ein Lächeln, fremd
bist du mir + trotzdem spür ich Zärtlichkeit.
Hungrige Wälder überwintern zwischen Starkstromleitungen. Auf grauen nassen Straßen tanzen verlorne Lichter. Kein Tier weit
und breit.
Ich lese in der „Zeit" von Christa Wolf und Heiner Müller, von Verrat , Enttäuschung. Mein Glashaus ist von Steinen hin und her zerbrochen. Ich hause an der frischen Luft. Unbekümmert. Leide nicht an mir.
Klodeckelblau bricht ein Stück Himmel durch die Wolken. Ein Hund zieht einen Mann beharrlich durch die Landschaft.
Balkonpflanzen in Todesstarre streifen meinen Blick verdammt
ich hab kein Taschentuch. Die fette Schweiz! Aus Bergen
wachsen Gewehre in Sträuchern kleben Tausendfrankenscheine
von Ameisen zusammengetragen. Ich lese hier
aus einem Buch von mir
was vor + trink dazu Passuger mit Zitronenscheiben
die ich esse + dann schau ich zu wie denen in der ersten Reihe
das Wasser im Mund zusammenläuft.

Blasphemie ist machbar, Frau Nachbar

Du kennst die Geschichte: da war eine junge Frau, die hatte sich in einem ziemlich alten Mann verliebt und wurde von ihm schwanger. Damals waren die Zeiten hart, außerehelicher Geschlechtsverkehr wurde mit Steinigung bestraft, natürlich wurde die Mutter gesteinigt, nicht der Vater, eh klar. Diese Frau bekam in einem alpenländischen Stall, der allerdings in Bethlehem stand, ein kleines Mädchen, das sie Jesus Maria nannte. Ach so ja, es war die Zeit, in der die letzten Frauengemeinschaften aufgelöst, in der neue patriarchale Strukturen eingeführt wurden und Frauen nichts mehr zu lachen hatten. Und die Hauptpersonen der Geschichte, Maria, Joseph und Jesus Maria existieren in Wirklichkeit gar nicht. Oder sagen wir: nur in einer der vielen Wirklichkeiten. Die kleine Jesus Maria wuchs heran und war leider zu gescheit für ihre Lehrer, die sie als Mädchen eigentlich gar nicht haben durfte. „Du wirst schon sehen wie weit du mit deinem frechen Mundwerk noch kommst“, drohte ihr der Hohepriester. Da beschloß sie mit zwölf, Haschisch zu rauchen und mit ihrer Freundin Maria Magdalena nach Indien abzuhauen, und nannte sich fortan nur noch Jesus, denn eins war klar: als Tochter Gottes hätte sie keinen Blumentopf für ihre Philosophien gewonnen.

Jesus und Maria Magdalena waren unzertrennlich und hatten sich ewige Treue geschworen... Maria Magdalena holte Jesus ja schließlich sogar vom Kreuz, mit ein paar Freundinnen, ach Frauen sind ja so zuverlässig! Ich sollte vielleicht erzählen, woher ich das alles weiß. Also, vor Jahren hatte ich einen schweren Unfall und als ich mich davon erholt hatte und wieder frisch und munter auf Krücken durch die Welt stöckelte, machten mir einige Frauen den Vorwurf, wie das denn mir, der heiligen Luisa überhaupt passieren konnte, das sei doch eine Art Kunstfehler, denn wenn ich so durchblicke, wie ich immer behaupte, hätte ich diesen Unfall doch sicher verhindern können. Worauf ich die folgenschwere Bemerkung machte: Ich weiß gar nicht was ihr wollt - selbst Jesus starb.

Eines Abens saß ich also am Tisch und trank Tee, als die Tür aufging und Jesus reinkam. Ich hätte ihn nicht erkannt, weil ich mich nie näher mit ihm beschäftigt hatte und weil es relativ wenig wirklich gute Bilder von ihm gibt. Naja, jedenfalls setzte er sich zu mir, fragte ob er eine Tasse Tee haben könnte, ich sagte, meinetwegen, komm, Herr Jesus, sei unser Gast... Wir grinsten uns an. Es wurde später und Jesus erzählte und erzählte, ich dachte noch, wenn das die Klosterschwestern wüßten, die Bräute Jesu, die im Haus neben uns ein Erholungsheim betreiben... Jesus war gerade da angekommen, wo er mir von den Schwierigkeiten berichtete, die er sich mit seinen ersten Theorien eingehandelt hatte. „Und was denkst du, was passiert wäre, wenn ich zugegeben hätte, daß ich eine Frau bin" kicherte Jesus. Und da kam eben alles auf. Jesus war eine Frau. „Wir müssen mit allem rechnen," heißt es in dem Film „Der Junge Mönch" von Herbert Achternbusch, in dem ich eine Amazone spielte, „selbst damit, daß Jesus ein Mädchen ist".
Jesus Maria unterbreitete mir seine Theorien über die Rettung der Menschheit. „Du hast nichts dazu gelernt" sagte ich. „Hast du denn nicht begriffen, daß es gar nicht darum geht, daß eine Person alle anderen rettet?" Und weil ich sein oder ihr begriffstutziges Gesicht sah, fuhr ich fort:„Wenn du einen Workshop, ein Seminar anbietest, bist du eine/r von tausenden. Alle wollen retten, alle versprechen Erleuchtung, Erlösung. Vergiß es."
Jesus war ziemlich deprimiert. „Wozu willst du denn so kühn deine Theorien in die Welt werfen," meinte ich, „denk doch mal an die anderen, an deine Jünger und die Anhänger und so weiter. Die stehen dann wieder voll unter Streß, wenn du gekreuzigt wirst. Ich finde du überforderst die Menschen. Du kannst einfach nicht verlangen, daß sie alle für dich einspringen. Sie schaffens ja nicht mal, ihre eigenen

Interessen durchzusetzen. Mann komm endlich von dem Trip runter, die Welt retten zu wollen."
„Dann hab ich ja überhaupt keine Aufgabe auf der Welt," meinte er
„Wie wärs mit leben und einfach da sein?" fragte ich.
Jesus grübelte. Ich ging aufs Klo. Als ich zurückkam, hatte Jesus den aufgeklebten Bart abgenommen und sah plötzlich wirklich sehr weiblich aus.
„Wir haben damals wirklich tolle Schamaninnen getroffen," sagte Jesus Maria, „bei den Hunza im Himalaya, die mußten drei Tage und drei Nächte auf einem Schamanenbaum sitzen, ungefähr zwanzig Meter hoch. Wenn sie runterfielen, waren sie keine wirklichen Schamaninnen..." Wir lachten. Ja, die Prüfungen für unseren Berufsstand sind gnadenlos. „Und wenn dus genau nimmst,"philosophierte Jesus Maria „ist das Einkommen mickrig, ich meine, wenn du es mit Priestern und Fürsten vergleichst."
Wir wurden ein bißchen melancholisch und ich legte eins meiner Lieblingsvideos ein, „Viva Maria". Da hatte ich instinktiv den Nagel auf den Kopf getroffen. Herein kam Maria Magdalena und Jesus Maria und sie beschlossen, Revolution zu machen, weil das lustiger ist. Vergebens wollte ich einwenden, daß ich vom Revolutionsmachen zum Schamanisieren gekommen war, weil eben auch die Revolution nicht die Antwort auf alle Fragen ist. Vergebens mahnte ich, daß Molotowcocktails herzustellen eine ziemliche Schweinearbeit ist und Revolutionäre als Staatsfeinde verfolgt werden. Die beiden stürmten hinaus und ich blieb mit drei leeren Teetassen sitzen, die ich Jesus, Maria und Magdalena nannte. Jessas Maria, sagte ich, sie hat ihre Sandalen vergessen. Gute Sandalen übrigens, aus Kalifornien, mit Fußbett. Ich trage sie seither. Den Bart haben die Mäuse zum Nestbau geholt. Aber wenn ich ein Krippenspiel sehe, muß ich immer lachen.

Bei den Donnerwesen.

Während ich das schreibe, stecken meine Füße in weichen Tanzmokassins aus Rehleder mit Büffelsohlen. In den Farben der Oglala-Sioux für die vier Himmelsrichtungen, gelb (für den Osten), weiß (für den Süden), schwarz (für den Westen) und rot (für den Norden) sind Perlen zu Sternmustern aufgestickt. Ich habe diese auf vielen Powwows (indianischen Tanzfesten) eingetanzten Mokassins in einem pawn-shop in Lame Deer (Leihaus) von einer Sioux-Frau gekauft, weil es ein Lakota-Sprichwort gibt, das lautet: wenn du einen Menschen beurteilen willst, dann laufe drei Monde in seinen Mokassins.

Trotz Mokassins wird es nicht gerade leicht werden, die Sioux zu verstehen. Ich las als Kind nicht Karl May, ich wollte nicht Ntschotschi sein. Ich verkleidete mich im Fasching auch nicht als Indianerin. Wenn die New-Age-Jünger mit irgendwelchen Pseudoschamanen Schwitzhütten im Allgäu oder in Tirol machten, gab es in mir keinen Impuls, mitzumachen. Ins „Indianerland" wollte ich schon fahren, aber was wollte ich eigentlich dort? Betrunkene Indianer und trostlose Baracken anschauen? Denn so gern ich „Der mit dem Wolf tanzt" gesehen habe - Wölfe gibt es in Amerika schon lange nicht mehr und auch niemanden, der mit ihnen tanzt.

Im 6th Street Deli Café, Rapid City, South Dakota, bei der ersten Lagebesprechung mit dem Fotografen Christian Heeb, torkelt ein Indianer auf uns zu. Wofür er denn Geld brauche, er sei doch schon betrunken, meint der Fotograf. „I want to drink my heart away" sagt er lächelnd.

Die Donnerwesen tanzen. Ihr wilder Atem rast übers Zelt und reißt

die Stangen um. Sie rütteln an den alten Kiefern und Tannen der Black Hills, peitschen das Wasser des Cheyenne River. Vergiß die Blitzmedizin nicht, träumte ich ein paar Tage vor meiner Reise nach South Dakota und als das Flugzeug in Rapid City landete, fuhren zwei rote Blitze in die Badlands. Das gelbe Präriegras biegt sich unter dem Sturm und richtet sich wispernd wieder auf. Die Geister der Ahnen und Ahninnen klagen. So viele Tote! So viel Blut! So viel Schmerz! Orion geht auf und in seiner Nachbarschaft die Plejaden, die sieben Schwestern, die in jedem Tipi durch die Konstruktion der Stangen gespiegelt werden.
Im fahlen Licht des Mondes erhebt sich der Sheep Mountain in den Badlands. Auf diesen Berg zogen sich die letzten Überlebenden der Oglala Sioux zum verbotenen Geistertanz zurück. Die Soldaten konnten ihnen nicht folgen, weil es zum Sheep Mountain nur einen einzigen Pfad zwischen zerklüftetem Sandstein auf das grasbewachsene Plateau gibt, den die Pferde nicht gehen konnten. Angeblich wird dort heute der Geistertanz wieder getanzt, ein Tanz, in dem der Geist der amerikanischen Ureinwohner gerufen und beschworen wird. Ein Tanz, der die Weißen vertreiben soll...
Charly Juchler, der Green-Peace-Aussteiger, der jetzt in den Black Hills lebt und zwischen der westlichen und der Ureinwohner-Kultur vermittelt, ist unser Führer in die Pine Ridge Reservation. Er erzählt von den Bemühungen der Lakota, ihre Kultur zu erhalten, die alten Traditionen auch der jungen Generation nahe zu bringen. Dem wilden schönen Land sieht man nicht an, daß achtzig Prozent seiner Bewohner von der Wohlfahrt leben und viele dem Alkohol verfallen sind. In Scenic direkt an der Grenze zum Reservat haben die Weißen ein paar Schnapsbuden aufgestellt, damit die Ureinwohner wissen, wohin sie ihre Wohlfahrtsschecks tragen sollen. Heruntergekommene Wildwestbaracken, romantisch in ihrem Verfall, zeugen davon, daß Architektur in diesem Geschäft die kleinste Rolle spielt. Der Pawnshop wird von einer weißen Familie geführt. Hier gibts von alten indianischen Leder- und Perlenarbeiten über Waffen bis Lebensmittel alles zu kaufen. Der uralte Firmengründer mit langen strähnig-weißen Haaren sitzt im Rollstuhl und sieht aus, als wäre er

vor hundert Jahren eingeschlafen, gestorben und dann vergessen worden.
Ein großgewachsener Indianer hat seine schwarzen Haare zu zwei Teufelshörnern hochgedreht. Grinsend steht er vor einer geschlossenen Bar. Auf den ersten Blick ist er einfach ein betrunkener Indianer. Dann aber spüre ich eine Verbindung zu diesem Mann mit den glasigen Augen. Ich denke an den Satz eines buddhistischen Mönchs vor langer Zeit: die wichtigsten Begegnungen finden nicht unbedingt in heiliger Umgebung statt. Spider, so heißt der Lakota-Mann, macht ein bißchen Konversation und dann gibt er mir einen Namen: Wyankili, du bist Wyankili, sagt er. Ich denke an meine Freunde, die solche Initiationen nur von Vollblutschamanen, Gurus und Heiligen annehmen. Charlotte Black Elk, die Anwältin und Urenkelin des legendären Häuptlings Schwarzer Hirsch, die auch auf der Pine Ridge Reservation lebt, wird mir später erklären: Wyankili heißt starke, respekteinflößende Frau. Spider zeigt mir den Knast für Betrunkene, einen Gitterkäfig. Ich steige zu ihm hinein, setze mich auf die Pritsche. Spider schüttelt lachend den Kopf: nein, hier setzt sich niemand hin, sonst vergessen sie ihn. Du mußt an den Gittern stehen bleiben und so lange Krach machen, bis sie dich rausholen, sagt er. Er will kein Geld, keinen Schnaps, keine Zigaretten. Er will gar nichts. Er ist ein Bote der Ahnen. Ein Bote von Tancasila, dem mythischen Großvater.

Westler haben keine Seele. sagt Frank, der Lakota-Lehrer. Wir sitzen im Kreis auf dem Hügel über seinem Sonnentanzplatz in Kyle, auf der Pine Ridge Reservation. Wir schlucken die erste Wut hinunter. Wer denn das behaupte, fragt Regula, Christians Assistentin. Das sagen die Ahnen, grinst Frank. Die Weißen haben die lineare Geometrie erfunden und sich damit die Seele aus dem Leib gerechnet. Aber unsere Kultur der vielen Ebenen, des Kreisens und Erzählens haben sie damit zerstört.
Er beschreibt, wie das Volk der Lakota im Wind Cave, der langen Höhle in den Black Hills von der Erde geboren wurden. Wie sie als Nomaden von den Rocky Mountains bis zu den Plains zogen, immer

der Stimme der Ahnen nach. Er beschreibt das Tipi, das ein Abbild der Sterne ist und die Schwitzhütte, die den Bauch der Erde symbolisiert. Er schildert uns die Verständigungsschwierigkeiten, als die Weißen kamen. Die Sprache der Lakota ist immer nur in der verbalen Tradition weitergegeben worden. Dadurch blieben alle Nuancen und Bedeutungen erhalten. Als Weiße anfingen die Sprache aufzuschreiben, ging die Vielschichtigkeit verloren. Ein Satz konnte, verschieden intoniert, bis zu zehn Bedeutungen haben. Nicht nur körperlich, auch kulturell wurden wir fast ausgerottet! sagt er. Dann gesteht er uns in einem weiten Bogen seiner Erzählungen eine Seele zu. „Das mußten wir uns von den Weißen immer anhören, daß wir keine Seele haben", lacht er. „Ihr seht, das fühlt sich nicht gerade gut an...".

Er lädt uns ein, mit seiner Familie in die Schwitzhütte zu gehen.

Zuerst gehen die Frauen hinein. Auf der anderen Seite der Schwitzhütte sitzen die Männer. Es wird heiß. Die Frauen sind von Kopf bis Fuß bedeckt, die Männer haben den Oberkörper frei. Frauen müssen bei den Sioux sehr strenge Regeln einhalten. „Eine Frau darf meinen Weg nicht vor mir kreuzen" grinst Frank, der bei einem Medizinmann lernt. Ich spüre, wie Widerstand und Ablehnung in mir aufsteigen, aber die Hitze schwemmt alles weg. Die Großmutter stöhnt neben mir. Als sie spürt, daß mir die Hitze schier zuviel wird, zeigt sie mir mit ihren Händen einen Spalt in den Decken, die über die Schwitzhütte geworfen wurden. Kichert sie? Gebete werden gesprochen, Frank singt, ruft den mythischen Großvater, den Adler, die vier Ecken der Welt. Schließlich wird das ganze Wasser über die heißen Steine gegossen. Als die Decken zurückgeschlagen werden, fühle ich mich frei und unbeschwert. Die Nacht ist angebrochen, über uns funkeln Sterne. Stille. Wir baden im nahen Bach. Ein Coyote heult. Ein Auto wird angelassen, der Motor jault mehrmals auf. Frank steht mit einem Freund an der geöffneten Motorhaube. „In Deutschland darf man zweihundert fahren, stimmt das?" fragt der Freund. Frank verzieht verächtlich sein Gesicht. Er kennt Deutschland, weil er zwei Jahre in Frankfurt stationiert war. „Ich kannte jeden Dealer in der Bahnhofsgegend. Ich war so fertig, daß mich alle aufgegeben hatten. Nur mein Medizinmann nicht.“ Bei dem lernt er jetzt.

Am nächsten Tag besuchen wir Sonny den Pfeifenmacher in Hot Springs. Rote Ziegelsteinhäuser der Jahrhundertwende zeigen, daß hier einmal viel Geld umgesetzt wurde. Heute leben in Hot Springs hauptsächlich Kriegsveteranen, vermutlich wegen des guten Klimas und der warmen Quellen, die öffentlich zugänglich sind. Das Wasser, das aus dem griechisch nachempfundenen Tempelchen sprudelt soll unglaubliche Heilwirkung haben. Wir stärken uns und ich riskiere einen Blick auf die Karte: nur wenige Kilometer entfernt liegt Edgemonton, der Ort, an dem in den sechziger Jahren Uran gefördert wurde. Die radioaktiv strahlenden Halden wurden vom Cheyenne River immer wieder überschwemmt und vergifteten die Bewohner der Reservation. Die AIM-Bewegung (American Indian Movement), die anfangs der siebziger Jahre, als sich die Schlacht von Wounded Knee zum hundertsten Mal jährte, Pine Ridge besetzte, verlangte unter anderem die Beendigung der Uranförderung auf Ureinwohnerland. Tatsächlich ist das Uran heute nach Aussagen vieler Reservatsbewohner kein Problem mehr. Die Förderung wurde eingestellt, viele der AIM-Aktivisten landeten im Gefängnis, einige davon sind heute Filmstars, wie Russel Means und Floyd Westerman („Der mit dem Wolf tanzt“).
Sonny ist in der vierten Generation Pfeifenmacher. Wir sitzen auf den universellen weißen Plastikstühlen vor Sonnys Haus, ein Baumwollbaum spendet Schatten. Die Tür zur Werkstatt steht halb offen. In einem Chaos von Steinen, Werkzeug, Bildern und Holzstücken kommen die wundervollsten Pfeifen zutage. Sonny erzählt, daß es zwischen den Ureinwohnern einen Streit um den Steinbruch des Pfeifensteins gibt. Er schüttelt den Kopf und lacht. „Die Pfeife wurde uns gegeben, damit wir Frieden halten!“

Christian, der Fotograf, hat beim Crazy Horse Monument mit dem Pressechef Robb DeWall einen Termin ausgemacht. Seit rund vierzig Jahren arbeitet der Ziolkowski-Klan daran, aus einem Felsen der

Black Hills in Anlehnung an die Präsidentenköpfe des Mount Rushmore die Gestalt von Crazy Horse und seinem Pferd herauszusprengen. Auf dem Weg dorthin diskutieren wir heftig. Wie kann man in einen heiligen Berg ein Gesicht von ausgerechnet dem Häuptling sprengen, von dem es überhaupt kein Bild gibt! Gerade Crazy Horse hat jede Fotografie, jedes Portrait verweigert. Er war der radikalste unter den Ureinwohner-Führern. Er hat in seinen Visionen die Unterwerfung seines Volks durch die Weißen vorausgesehen. Die Black Hills sind heilig, ein Altar, sagt Charlotte Black Elk. Vorerst sind die Black Hills die größte Touristenattraktion von South Dakota. Hier ist der klassische Wilde Westen mit seinen Westernstädten wie Custer (wir sagen zum Spaß Costner) oder Deadwood. Hier wird, wie eh und je, gespielt, geritten und gesoffen. Kevin Costner, der sich mit seinem Film „Der mit dem Wolf tanzt" ein bißchen Geld zurücklegen konnte, will hier in der Nähe ein Casino aufmachen und hat jetzt schon Ärger mit den Ureinwohnern des Reservats, von denen er das Land gekauft hat. So populär wie die Besitzerin des „Saloon Nr.10" in Deadwood wird er sowieso nie. Die tanzt mit ihren 95 Jahren die Nacht nieder und flucht auf die Regierung, die Bordelle verboten hat.
Die Black Hills könnten auch in Bayern liegen. Bewaldetes, liebliches Voralpenland, tiefblaue Seen, Quellen. Nur die Adler, die hier kreisen, gibts bei uns nicht. Und auch nicht die Mobile Homes, die improvisiert wirkenden Häuschen, die sich die Amerikaner überall hinstellen. Hier und dort liegt ein kaputtes Auto und überall sind Pferde, Quarterhorses, gefleckte Ponies. Die Präsidentenköpfe, so hübsch wie überflüssig, schauen auf uns herab, als wir den landschaftlich schönen Weg durch bizarre Felsformationen zum Denkmal von Crazy Horse fahren. Da liegt der Traum des Bildhauers Ziolkowski vor uns: ein Visitors Center, ein leuchtend weißes Gipsmodell des Chiefs mit seinem Pferd, das mich fatal an sozialistischen Realismus, an faschistische Körperideale erinnert. Eher ein Alptraum... Wir fahren zum Gesicht hinauf, das der Bildhauer nie gesehen hat, weil er zu Lebzeiten nur mit den Vorarbeiten zu tun hatte. Aber er hat vorgesorgt, ein Dutzend Kinder und seine willensstarke

Witwe Ruth führen seinen Auftrag fort, den er auf Anregung des Häuptlings Henry Standing Bear begann. Die Begeisterung für Crazy Horse und die Lakota ist nicht nur aufgesetzt: Ruth versteckte in den siebziger Jahren den AIM-Aktivisten Dennis Banks, weil sie die Sache des American Indian Movement gerecht und gut fand. Das Schönste hier ist das Museum. Aus allen Stämmen kamen Spenden, sodaß viele Ureinwohnerkulturen hier dokumentiert sind. Es ist ein gutes Gefühl zu wissen, daß die Lederhemden, die Trommeln und Rasseln, die Perlenarbeiten und Federkronen nicht gestohlen, sondern gestiftet wurden.

Auf der Rosebud-Reservation ist Powwow, ein Tanzfest. Die Straße dorthin schlängelt sich durch das blonde Prairie-Gras von Pine Ridge, an Felsen und Hügeln entlang, folgt eine Weile dem glitzernden Wasser des Cheyenne River und verläßt dann das Reservat. Endlose, langweilige Meilen durch gigantische Felder folgen. Abgestorbene Bäume, plattgewalzte, ausgebeutete Landschaft. Ein verschlafenes Kaff, das aus einer Straße, einer Reihe flacher Häuser rechts und links, einer Tankstelle und einem „Diner" besteht. No shirt, no shoes, no service! steht an der Tür des Restaurants. Ein weißer Arbeiter sitzt im Unterhemd da. Für ihn gilt das Schild offenbar nicht. Wachsame, mißtrauische Blicke folgen uns. Ich denke daran, daß hier jeder erwachsene Mann ein Gewehr besitzt. Plötzlich ist alles wie im Western. Fliegen surren, die Bedienung knallt die Gläser mit Eiswasser auf den Tisch, die Tür geht auf, zwei Indianer kommen rein. Aber kein Schuß fällt. Statt dessen kommt das Essen.
Daß wir auf der Rosebud-Reservation sind, merken wir an der Landschaft. Die Lakota bestellen ihr Land nicht. Überall wachsen in der wundervoll wilden Landschaft die kleinen süßriechenden Salbeibüsche, sweetgrass, Wacholder, ein Bach staut sich zwischen zwei Felsen zu einem kleinen Weiher. Libellen zischen über die Wasserfläche. Dann der Schock: Ein Song von Take That plärrt über die Pferdekoppel mit Tipi. Wir fahren um die Kurve und vor uns liegt ein Rummelplatz mit Autoscooter, Achterbahn, Schießbuden... Gefiederte Indianerkinder fliegen auf einem Kettenkarussel durch

die Luft. Das soll ein Lakota-Tanzfest sein? Wir parken, stolpern wie betäubt zwischen den Buden hindurch und stehen plötzlich auf einem traditionellen Rundplatz. Eine Holzkonstruktion mit Zweigen sorgt für Schatten. Die Tanzwettbewerbe haben schon begonnen. Neben dem Grastänzer im prächtigen Kostüm aus Wollfäden (früher waren es die Skalps mit Menschenhaaren), steht ein Junge im weiten T-Shirt mit Baseballmütze. Ein Chief in buntem Gewand mit einem Federrad am Rücken steht neben einem blauen Nylonzelt und unterhält sich mit seiner Familie, die Burger und Chips ißt. Der Polizist der „Tribal Police" lehnt rauchend an seinem Pickup, wo auch sein Federkostüm hängt. Später wird er mittanzen. Tony, bei dem ich in der Nähe von Rapid City eine Trommel gekauft habe, tanzt an mir vorbei und winkt mir verschmitzt zu. In der Werkstatt hatte er sich hingestellt und mir ein Lied zu der Trommel gesungen, im Hintergrund lief das Radio, Musik von Frank Zappa, Hunde bellten, das Telefon klingelte. Er stand einfach da, mit hängenden Armen, völlig selbstverständlich, und sang mir das Lied vor. Jetzt tanzt er mit den Kriegern. Eine Familie tanzt ihre Begrüßungsrunde: der Chief und die alte Frau tragen die traditionelle Tracht, die Kinder folgen in Shorts und T-Shirt, in Jeans und Baseballkappen, dazwischen wieder ein Federkostüm, ein Kleid mit hunderten von Glöckchen (aus den Deckeln der Schnupftabaksdosen gemacht). Während die Familie tanzt, kommen alle Zuschauer, die diese Familie ehren und grüßen wollen und tanzen mit. Wir sind ein bißchen ermüdet und streunen hinüber zum Rodeoplatz. In Ermangelung von wilden Stieren werden den Tieren Riemen um den Bauch geschnallt und festgezurrt, dann springen sie wild herum und versuchen den Gurt loszuwerden, wobei zum Gaudium der Zuschauer der Reiter herunterfällt. Ich kann dem nichts abgewinnen. Die coolen Cowboys, die ihre Hüte abklopfen wenn sie in den Dreck gefallen sind, lassen mich völlig kalt. An der Budweiser-Bude lassen sich ein paar Indianer vollaufen. Auf der Reservation ist normalerweise Alkoholverbot, nur innerhalb des Rodeoplatzes wird eine Ausnahme gemacht. Ein Pferd mit zwei Indianermädchen trabt vorbei, ein Junge springt mit auf. Zu dritt reiten sie in den Sonnenuntergang. Powwow-Gesang vermischt sich mit den Ansagen der Fahrgeschäfte, Rockmusik dröhnt alles zu. Pferde wiehern. Eine Frau sammelt Bierbüchsen ein. Auf dem Rodeoplatz reiten jetzt verschiedene Teams wilde Pferde zu. Staub wirbelt auf, Kinder jubeln. Wir fahren durch das durstige gelbe Land zurück nach Rapid City. Neben dem Auto glaube ich Costner reiten zu sehen, ich sehe sogar das Dorf, in das er im Film geritten ist. Eine Fata Morgana? Nein, in der Nähe von Wall wurde tatsächlich ein Teil des Films gedreht. Hier steht ein ganzer Ort noch genauso da wie vor hundert Jahren. Ein Hohlweg führt hinunter zum Fluß, Planwagen, von Pferden gezogen, Tipis... Blitze zucken über den Badlands, schwarze Wolken verhüllen die tiefrote Sonne. Nirgends sind Gewitter so schön wie hier.

Ich will zum Bear Butte, wo Crazy Horse seine Visionen hatte, wo Philbert, der wunderbare Held aus dem Film „Powwow Highway" schweren Herzens seine Schokolade opferte. Der Weg nach Sturgis und zum Bear Butte führt durch das Herzland des Wilden Westens: Wildgezackte Felsen, Büffelherden, ein altes Fort am Bismarcklake. Hier steht auch noch die erste Schule der Siedler klein und schutzlos an einen Felsen gelehnt. In Deadwood brennt die Luft wie vor hundert Jahren und hier machte meine Lieblingsheldin, Calamity Jane, das Land und die Männerbanden unsicher. In Belle Fourche, dem geographischen Mittelpunkt der USA kochte sie, in den Black Hills ritt sie, trank, erzählte die haarsträubendsten Geschichten und schoß sich ihren Weg frei. Sie kümmerte sich nicht um Moral und Gesetz und wurde so mit Buffalo Bill, Jesse James und Wild Bill Hickock zu einer der berüchtigtsten Persönlichkeiten des Wilden Westens. Ich träume von all den Geschichten die ich gehört, all den Filmen, die ich gesehen habe, von Buffalo Bill, der auf der Weltausstellung in Berlin Indianershows mit echten Häuptlingen zeigte. Da war Crazy Horse nicht dabei. Er hatte für diese Art von Vermarktung nur Hohn und Spott übrig.
Auf der Straße liegt etwas. Ein Zeichen der Geister? Ein Wink der Weißen Büffelfrau? Ich steige aus. Es ist eine Kappe, auf der steht: NO FEAR. Limits are made to be broken. Eben! Im sanftgelben

Nachmittagslicht erreichen wir Bear Butte. Ganz allein steht der Berg in der brettebenen Landschaft. Einige Ureinwohner sind gerade zur Visionssuche hier. Der Ranger bittet uns, sie nicht zu stören und den Weg nicht zu verlassen. Als wir mit dem Aufstieg beginnen, kommen uns die letzten Besucher entgegen. Dann sind wir allein mit dem Berg, mit den Geistern und der untergehenden Sonne. Überall sind Stoffetzen und Medizinbeutel an Bäume gebunden. In einer Senke wird eine Schwitzhütte vorbereitet. Zwei Raben scheinen uns zu verspotten. Während ich schweratmend den rituellen Weg hinaufsteige, denke ich daran, daß in diesem Jahr zum ersten Mal seit langer Zeit ein weißer Büffel geboren wurde, ein Zeichen, daß die Kraft der Ureinwohnerkulturen zurückkehrt. Ich binde ein Stück von meinem Tuch an einen Geisterbaum. Von oben hat man einen atemberaubenden Ausblick über die Prärie bis zu den Black Hills. In Sturgis gehen die Lichter an. Dort treffen sich jedes Jahr im August die Harley-Davidson-Fans - um die Donnerwesen zu ehren, nehme ich an. Denn niemals ist die Luft erfüllter vom Heulen und Donnern der Maschinen und niemals mischen sich die Schreie der Motorräder harmonischer mit dem Heulen der Stürme über den Badlands. Jetzt liegt vollkommene Stille über dem Land. Ich lasse meinen Lakotanamen wie Billardkugeln durch mein Hirn rollen. Unten bei der Schwitzhütte wird ein Heilgesang angestimmt. Weit drüben auf dem Campground hat sich eine Kirchengemeinde versammelt und singt ein frommes Lied, dessen Klangfetzen herüberwehen. Zwischen den Kulturen, an der Grenze der diesseitigen und der jenseitigen Welt singe ich mein Lied. Nicht um die Trennung geht es, sondern um die Verbindung. Wir brauchen einander, sagte Sonny der Pfeifenmacher.

In Rapid City brennt die Luft. Samstag nacht ist alles auf den Beinen, was laufen, saufen und tanzen kann. Weiße und indianische Jugendliche stehen vor ihrem Kultschuppen. Sie gehen zusammen ins Internat. Sie träumen von ihrer eigenen Welt, die nichts mit Geldverdienen und Federkrone zu tun hat. Diese Welt ist überall auf der Welt gleich, wie die Love Parades zeigen. In der Edelgalerie „Prairie Edge“ steigt eine Vernissage indianischer Kunst. Hier wird Tradition vermarktet. Oder wird sie gepflegt? Hast du die Indianerfigur vor dem Eingang gesehen? fragt Charlotte Black Elk und lacht spöttisch. Der edle Wilde, der an den Händen gebunden ist, wird niemandem gefährlich. Am letzten Abend sitzen wir im „Fire House“, eine Jazzband spielt, die Luft ist mild. Bald werden die ersten kalten Stürme von Kanada herunterfegen. Die Menschen werden sich in ihre Häuser zurückziehen und den Donnerwesen lauschen, nur die Büffel werden unbeirrt ihre Kreise ziehen. Die Visionen von Crazy Horse haben sich erfüllt. Das Volk der Lakota wurde zerstört, dunkle Schlangen, die Teerstraßen, winden sich durch das Land. Aber ein weißer Büffel wurde geboren. Das Wissen der alten Kulturen überall wird wieder lebendig.Wir sehen die Zeichen, wir hören den Gesang der Ahnengeister. Wir sehen die Black Hills und erinnern uns daran, daß auch unsere Berge einmal Altäre waren. Ich werfe einen Stein in den Fluß, der Rapid City seinen Namen gegeben hat und verspreche, meine Vision nicht zu vergessen. Auf dem Weg zufuß zum Hotel weichen ein paar Weiße erschrocken aus, als sie ins Auto steigen wollen. Ich habe vergessen, daß nur Indianer zufuß gehen und die sind ja angeblich so gefährlich...

In den kalten Armen der Ganga

Ganga ist tot.

Bei einem Besuch in Kalkutta wollte ich an einem Ritual für die indische Göttin Kali in Kalighat teilnehmen, was eigentlich nur Hindus erlaubt ist. Die Priesterin meinte aber, sie sei einverstanden, wenn ich einmal im Ganges eintauche, wie es der Brauch sei. Der Ganges (in Hindi „ Ganga“, denn die Flußgöttin ist zugleich auch der Fluß) hat sich weit zurückgezogen von Kalighat. Wo einst die Stufen des Tempels in den Fluß führten, muß man heute einen Kilometer laufen, um das Wasser des Ganges zu berühren. Als ich diesen breiten, dreckigen Strom sah, hatte ich keine große Lust, da einzutauchen. Menschen wuschen sich, ihre Wäsche, ihre Autos, verrichteten ihr Geschäft im Fluß, Leichen wurden verbrannt und auf dem Wasser verstreut, eine tote Kuh mit aufgetriebenem Bauch schwamm vorbei. Eine Ölschicht oszillierte in der brennenden Sonne. Der Ganges war hier, nahe der Mündung, breit wie eine Landschaft. Ich tauchte unter und ich fühlte mich berührt, umarmt, gehalten. Es graute mir nicht mehr vor dem Dreck. Ich erinnerte mich an all die Mythen, die vom Ganges, von Ganga, erzählt werden: das Wasser sei zwar biologisch tot, ja sogar verseucht, trotzdem gebe es nie Seuchen an den Ufern des Flusses. Im Gangeswasse sei ein Wirkstoff gegen Malaria enthalten. Wenn man das Wasser des heiligsten aller indischen Flüsse in eine Flasche abfülle, werde es niemals brackig und selbst nach hundert Jahren könne man es noch trinken. Obwohl der Strom völlig verschmutzt sei, heile er die schlimmsten Krankheiten. Und so weiter. Eine Idee setzte sich in mir fest. Ich wollte, wie alle InderInnen einmal in ihrem Leben, die Quelle dieses mythischen Flusses besuchen, die auf einer Höhe von ca. 4000 Metern über dem Meer oberhalb von Gangotri an einem Ort der Gaumukh, Kuhmaul genannt wird, aus dem ewigen Eis der Himalayaberge hervorbricht und als der heiligste Ort der hinduistischen Kultur gilt. Als ich von meiner Indienreise nach Hause zurückkehrte, rief mich der Chefredakteur von GLOBO an, ob ich eine Geschichte über die Quelle des Ganges schreiben wolle. So tot konnte Ganga nicht sein!

Der Erleuchtung ist es egal, wie du sie erlangst.

Ungefähr ein halbes Jahr nach meiner ersten Begegnung mit Ganga sitze ich mit dem Fotografen Bernd Hoff auf den Stufen einer Tempelterrasse in Rishikesh, am Fuß des Himalayagebirges. Mittlerweile sind wir mit allen Wassern gewaschen. Wir sind durch die fast vierzig Grad heiße Waschküche Delhi geläutert auf überfluteten Landstraßen durch verschlammte Dörfer gefahren. Die Regenfälle haben aufgehört. Die Menschen bringen ihre Fahrräder, ihr Werkzeug, ihr Gemüse, ihren Hausrat ins Trockene. Mit einer in Deutschland unvorstellbaren Gelassenheit nehmen sie alle Widrigkeiten des Lebens hin, lachen, scherzen, tragen schwere Lasten. Rishikesh ist eine Art spiritueller Supermarkt. Später werden wir von unserem Bergführer Vijay erfahren, daß Rishikesh von „pump and show"-Swamis bevölkert ist. So nennen die Inder scherzhaft die Schein-Heiligen, die viel West-Volk anziehen, ihre Lehren pompös verkünden und sich selber immer ins richtige (Fotografen)Licht zu setzen wissen. Und warum auch nicht: hier gibts keine Kirchensteuer, wer Geld einnehmen will, muß schon eine kleine Show abziehen können, denn bezahlt wird nach Lust und Laune. Es ist halb sieben. In einer halben Stunde beginnt die Puja, das Fest für die Flußgöttin Ganga. Aus ganz Indien kommen Pilger hierher, und wenn möglich bis Gangotri und Gaumukh, der Quelle der Ganga. Ein Priester predigt unter einer Reklame für Cocacola. Im Tempel der Saraswati, wo der Rishikund, ein kleiner unterirdischer Fluß eiskalt in ein Steinbecken hochsprudelt, gibt neben dem Bild der Göttin Saraswati ein Immo-

bilienmakler auf einer großen Tafel die Vorzüge seiner Firma bekannt. Wir bekommen einen roten Farbtupfer auf die Stirn und trinken drei Schluck Wasser vom heiligen Rishikund. Über den Platz schallt die Mikrophonprobe eines Priesters: Hello? Hello? Vor seiner Bude nehmen Andächtige auf dem Boden Platz und hören seinen ekstatischen Rufen zu. Zwei kleine Mädchen tanzen übermütig zum Rhythmus seiner Stimme. Dämmerung fällt. Die ersten Frauen ordnen ihre Blätterschiffchen mit Blüten, Weihrauch und Talglichtern. Sie zünden die Lichter an und setzen die Schiffchen aufs Wasser. Gebannt starren die Menschen auf die Reaktion der Flußgöttin, wird sie das Opfer annehmen? Wird sie die Schiffchen umstürzen? Auch nicht tragisch. Wenn eins umkippt, lachen alle, benetzen ihre Stirn, ihren Scheitel und die Brust mit Ganges-Wasser und legen schließlich die Hände zum Gebet zusammen. Es stört auch niemanden, daß die Göttin zwischen Rishikesh und Haridwar so hart arbeiten muß, da wird sie nämlich kanalisiert und durch ein Kraftwerk getrieben und produziert so den Strom für die Klimaanlagen, die elektrische Beleuchtung und allerhand Industriebetriebe. Der Kanal begrenzt ein Naturschutzgebiet, in dem Tiger und Elefanten leben. Ein einzelgängerischer Elefant, der Sadhu unter den Elefanten, legt sich jeden Morgen in die kühlen Fluten. Sadhus nennen die Hindi die Weisen, die sich vom Getriebe der Welt zurückziehen und sich allein, in Askese und Gebet, ganz dem Göttlichen widmen. Es gibt aber ein Wortspiel, das zeigt, wie wenig sich die InderInnen von heiligem Getue beeindrucken lassen. Während Sadhu die Bezeichnung für weise, asketische Einsiedler ist, die alle weltlichen Gelüste aufgegeben haben, bedeutet das Wort Saidu soviel wie Lüstling. Und wer sich besonders auffällig präsentiert, muß sich mit dem spöttischen i vom Weisen zum Angeber degradieren lassen.
In Rishikesh hat jeder Guru, der etwas auf sich hält, einen Ashram. Die Beatles ließen sich hier von Maharishi rupfen, Sai Baba hat eine kleine Dependance, sogar Sri Aurobindo unterhält einen Ashram, der einer Garage gleicht, mit einem Auto und zwei Motorrollern drin, und einer atemberaubenden Statue der Göttin Kali im Garten. Die Jünger der Meister laufen in orange, in rosa, in grau, manche nur

in weiß, je nach Kleiderordnung, in weiß und gelb-gemustert, wenn sie von der großen Yoga-Schule sind, durch die schlammigen Straßen von Rishikesh. Alle wirken heiter, friedlich und ganz und gar erleuchtet. Ein Problem mit Alkohol-Abstinenz oder fleischlosem Essen haben sie offenbar nicht. Ab Rishikesh aufwärts in Richtung Gangesquelle gibt es weder Alkohol noch Fleisch.
Wir müssen unbedingt Haridwar besuchen, wo der Fußabdruck des Gottes Shiva auf einer Steinplatte eingraviert zu sehen ist. Nichts wie hin. Hier herrscht ein Trubel wie in Altötting. In einem sehr feinen Juweliergeschäft mit Gold und Edelsteinen im Schaufenster, sitzen vier Sadhus auf gepolsterten Stühlen vor der langen Ladentheke. Sie tragen nur graue Lendentücher und sind am ganzen Körper mit Asche eingerieben. Ihre langen grauen Haare und der Bart (Sadhus schneiden ihre Haare nie) hängen verfilzt über die Glasplatte der Theke. Sie wollen Rosenkränze kaufen. Einer testet einen Kristallrosenkranz im Probegebet. Er läßt die Kugeln durch die rechte Hand laufen und murmelt vor sich hin. Dann legt er die Kette weg und probiert eine andere mit Baumnüssen aus. Die anderen nicken beifällig.
Haridwar ist eine heilige Badeanstalt. Am Eingang zur Tempelanlage am Fluß gibt man die Schuhe ab, denn es ist verboten, heiligen Boden mit Schuhen zu betreten. Es gibt auch Schließfächer. Überall sitzen Großfamilien und bereiten sich auf das reinigende Bad vor. Ein ganzer Clan Frauen nimmt sich an den Händen, alte, junge, kleine Mädchen, und taucht gemeinsam im Wasser unter. Alle lachen und kreischen. Die Männer in Badeshorts und Unterhosen springen von den Stufen in den Fluß. Ganz Beherzte stürzen sich sogar von der Brücke hinein und werden bejubelt und beklatscht.
Überall sind Ketten zum Festhalten über den Fluß gespannt, denn Ganga ist hier sehr reißend, Ganga, die Tochter des Berges, die Angst Verjagende, die Altehrwürdige, Glückverheißende, Überwinderin von Armut, Frieden schaffende, die Entzückende, vollkommene Heilige, um nur einige ihrer Namen zu nennen. Kein Wunder, daß die Menschen sich in den reißenden Fluß werfen, verheißt er doch Befreiung von allen Übeln und Erlangung von Erfolg und magischen

Kräften. Ich benetze nur meine Füße, das Vollbad will ich mir an der Quelle gönnen. Da hat die „Freundin und Wohltäterin" allerdings - auf 4233 Meter über dem Meeresspiegel - nur noch zwei Grad.
Nach dem Badefest warte ich allein auf den Fotografen, den Fahrer und den Guide. Ein Polizist kommt auf mich zu: „You are without your family members?" Ich nicke. Wo sind sie, will er wissen. In Deutschland, sage ich. „Are you in trouble?" fragt er besorgt. Und erst als ich ihm versichere, daß ich auch ohne meinen Familienklan gut auskomme, ist er beruhigt.
Der Fahrer, Pawan, was „Hier" heißt und Vijay „der Siegreiche", unser Führer geben uns eine kleine Kostprobe ihres Plans, den sie für uns haben - ihr „I have a plan" wird zum geflügelten Wort der Reise, ebenso wie unsere Antwort darauf: „change of program". Sie jagen uns mit einer alten „Ambassador"-Limousine zu einem Wallfahrtsort auf den Berg hoch. Ein Erdrutsch blockiert die ohnehin schmale Sandstraße und als Pawan über die erste Schlammtatze fährt und schließlich vor einigen Felsen kapitulieren muß, steige ich aus. Will er uns umbringen? Ich hätte mir keine Sorgen machen müssen. Souverän setzt er über den glitschigen Untergrund zurück. Als ich wieder einsteige, weiß ich, daß ich mit diesem Fahrer überall hin fahren werde.

Zur Quelle? Immer gegen den Strom.

Hinter Rishikesh führt die Straße zügig hinauf in die Berge. Wir sind vom Klimawechsel benebelt. Die feucht-tropische Hitze der Gangesebene wandelt sich, je weiter wir nach oben kommen in kühle, windige, dünne Bergluft. Reisterrassenfelder leuchten hellgrün und gelb in der Sonne. Am Straßenrand kampieren Zigeuner, die den Sommer im Himalaya verbringen und im Herbst ins Tal herunter kommen. Sie leben zusammen mit ihren Ziegenherden in niedrigen, improvisierten Zelten und Unterständen. So armselig ihr Leben scheint, die Frauen sind prächtig gekleidet und tragen wunderschönen Bernstein- und Korallenschmuck. Wir passieren malerische kleine Dörfer, Getreide liegt auf der Straße und wird von den durchfahrenden Autos gedroschen. Vor schiefen, bunten Holzhäusern sitzen Frauen. Kinder spielen zwischen Ziegen und Schafen. Wie ruhig und friedlich es hier ist! Nicht mehr lange. Denn bei Tehra, wo Baghirati und die anderen fünf Flußschwestern zusammenkommen und zum ersten Mal Ganga heißen, wird ein Damm gebaut, der vierzig Kilometer wundervolle Landschaft, Dörfer, alte Häuser, Tempel, kleine Schreine entlang der Straßen und Wege unter Wasser setzen wird. Obwohl das Gebiet erdbebengefährdet ist, wird dieser Damm gebaut und wohl in Betrieb genommen werden. Überall zeigen Schriften an Häusern, daß die Menschen durchaus keine Lust haben, umgesiedelt und vertrieben zu werden.

Uttarkashi: auf dem Hügel über der Stadt kreisen Adler. Eine Landschaft aus Tönen tut sich auf: Besen wischen über den Boden. Das Zwitschern und Lachen von Mädchenstimmen. Der Fluß rauscht laut und mächtig. Schweine fressen grunzend Abfall. Eine Kuh frißt eine Zeitung. Das schrille Zirpen von Heuschrecken hört wie auf Kommando auf. Scheppernde Tempelglocken. Ein Weiser sitzt in den ersten Sonnenstrahlen und lächelt den Tag an. Fahrradklingeln. Die Glöckchen der Maultiere, die Sand und Erde zu einer Baustelle bringen. Ein Pilgerbus läßt den Motor aufheulen und blaue Dieselwolken in den blauen Himmel steigen. Die Pilger quetschen sich wieder in den Bus, eingekeilt zwischen Koffern und Schachteln klammern sich Kinder an ihre Mütter, die alles mit stoischer Gelassenheit ertragen. Spuren an der Außenwand des Busses unter den Fenstern verraten, daß der Fahrer nicht immer halten kann, wenns jemandem schlecht wird.
Unterwegs gabeln wir einen Swami (Meister) auf, ganz in orange, mit gütigem Gesicht. Er setzt sich vorne zwischen Pawan und Vijay. Als wir an einer Almwiese vorbeifahren, auf der ein Regiment Soldaten mit Dudelsäcken paradiert, ist eine Foto-Pause fällig: Bernd gerät angesichts dieser bizarren Szene in Verzückung. Die dudelsackpfeifenden Soldaten wiegen sich vor ihrem strammen Hauptmann. „Very emotional music“ sagt Vijay trocken. Sundanandra, der alte Swami,

steigt aus dem Auto aus, beobachtet lächelnd die Soldaten und den Fotografen bei der Arbeit, zieht eine teure Nikon unter seinem orangenen Hemd hervor und fängt an zu fotografieren. Ein Photo-Swami! Später werden wir ihn in Gangotri in seinem kleinen Ashram besuchen, wo er großformatige Fotos überall in seiner Holzhütte neben Solarkocher und heiligen Steinen aufgehängt hat. „Photography is art," sagt er, „and art is God". Das halbe Jahr verbringt er oben auf dem Berg, aber im Winter, wenn alle Heiligen, alle Pilger, alle Jünger und alle Bergbewohner bis Uttarkashi oder Rishikesh herunterkommen, reist er in Indien herum, fotografiert, macht Ausstellungen und arbeitet im Labor.
Die Straße, auf der Pawan in halsbrecherischem Tempo, mit schlafwandlerischer Sicherheit herumkurvt, macht mir ein wenig Sorgen. Abwechselnd rechts oder links tut sich ein ungemütlicher Abgrund auf, in dessen Tiefe Ganga munter glitzert. Erdrutsche haben an manchen Stellen den Straßenbelag fortgerissen und wir müssen über schlammige Erdmassen schlittern. Die Straße ist schmal. Vor jeder Kurve halten Bernd und ich den Atem an. Kein Problem für Pawan. Wenn er die Wahl hätte auf einen Reifen oder die Hupe zu verzichten, würde er den Reifen wählen, meint Bernd nur. Er fährt hupend in die Kurve und hört erst wieder auf, wenn die Straße wieder überschaubar ist. Den Tieren weicht er völlig organisch, ganz im Einklang mit deren Bewegung und Zielrichtung aus. Nie habe ich einen Autofahrer erlebt, der wie Pawan mit seinem Auto zu einer Art Berggeiß fusioniert. Je länger wir unterwegs sind, umso entspannter registriere ich Felsabstürze, Beinahezusammenstöße, Ausweichmanöver, die uns an den Rand des Abgrunds bringen. Es ist keine gewöhnliche Reise, sage ich mir als wir wenige Millimeter vor einem Militärlastwagen zum Stehen kommen, kurz vor der höchsten Brücke Indiens, es ist eine Wallfahrt zur Göttin Ganga, was könnte da schief gehen? Und tatsächlich geht nicht nur nichts schief, sondern die heißen Quellen von Ganganani laden zum Bad, und der dort ansässige Sadhu uns zum Essen. Sechzig Grad soll das grünlich-schwefelige Wasser heiß sein. Und was mir an den heiligen Orten Indiens schon immer so gut gefiel: direkt neben dem sakralen

Bereich ist auch hier ein ganz weltlicher. Während man in den Becken nur baden darf, sprudelt aus einem Rohr heißes Wasser zum Wäsche waschen und für andere profane Zwecke. Man gibt was man will, und wer nichts bezahlt ist auch willkommen. So gereinigt und geläutert sind wir bereit für Gangotri, den Ganga-Wallfahrtsort auf etwa dreitausend Meter Höhe. Weiter können wir nicht fahren. Zur Quelle müssen wir gehen.

Zum Sonnenuntergang ist auch hier eine Puja für Ganga. Wir sitzen auf dem Platz vor dem Tempel, der von niedrigen Häusern umstanden ist. Die Sonne hat den Boden aufgeheizt, der noch warm abstrahlt, als es zu dämmern beginnt. Die Gläubigen kommen von überall, ein Häuflein armseliger Menschen im Angesicht der hohen, eisigen Berge. Selten hat mich etwas so gerührt wie das Zusammensein mit diesen Bergbewohnern und Pilgern, die so ernsthaft und zugleich so heiter auf die abendliche Feier für ihre Göttin warten. Gelassenheit und Freude liegt auf den Gesichtern, steckt mich an, macht mich auch froh. Und doch irritiert mich, als der scheppernde Lärm der Tempelglocken einsetzt und der Priester Gangeswasser über die Menschen sprüht, daß niemand auf den Mond achtet, der fast voll über den schwarzen Gipfeln der Berge aufgeht. Werden diese üppigen Feiern mit Devotionalien und Heiligenbildchen gestaltet, um mit der Wucht der Elemente klarzukommen, die hier fast schmerzhaft spürbar wird?

Als wir den Tempelplatz verlassen spüre ich, wie schutzlos, wie machtlos Menschen wirklich sind. Hinter den dunklen Umrissen der umliegenden Berge ragen die Eispyramiden der Himalayariesen bleich im Mondlicht auf. Wir spazieren durchs Dorf zurück. Wäre ich ein Hund, ich würde von Wohlgerüchen und seltsamen Düften toll werden. Überall brennen auf der Straße kleine Feuer. Sadhus, BettlerInnen und Geschäftsleute säumen die schmale Dorfstraße, alles spielt sich direkt auf der Erde ab. Die Nähe zur Erde, zum Boden, fasziniert mich. Wie weit sind wir in unserer „zivilisierten" Welt vom Boden entfernt! Wir setzen uns in eine kleine Wirtschaft, vier Tische, Bänke, über uns nur eine Zeltleinwand, der Herd ist aus Lehm geformt, vom Kochen hartgebrannt. Auf dem Herd sitzt der

Koch, es riecht nach Gemüse, nach Gewürzen, nach Weihrauch. Ich schließe die Augen und gebe mich den Geräuschen hin. Diese langsam schlurfenden Schritte! Wer immer hier angekommen ist, hat vergessen, was Eile ist. Termine fallen aus den Kalendern und werden von Ganga zu Tal gespült, wo sie noch etwas zu bedeuten scheinen. Hier oben jedenfalls gibt die Macht der Elemente den Ton an. Dunkle murmelnde Stimmen, jemand erzählt eine lustige Geschichte, alle lachen. Gegenüber in einer Pilgerherberge spielen ein paar junge Männer Karom.Statt der Spielsteine jagen Flaschenverschlüsse übers Spielbrett. Die Devotionalienhändler wärmen sich ihre Hände an den Gläsern mit Milchtee. Milchtee trinken auch wir. Dazu essen wir Reis und Dal (Linsen), alles einfach und ohne große Umstände in Wasser gekocht. Etwas anderes gibt es nicht. Bernd erwähnt zum ersten Mal, aber nicht zum letzten Mal auf dieser Reise, Matjeshering und Käsebrot. Die Nacht fällt und mit ihr die Kälte. Ich kaufe die erste Wollstola für umgerechnet sechs Mark. Die dürren Bergbewohner in ihren Wollanzügen („sehen sie nicht aus wie haute couture, so elegant Ton in Ton, beige, braun, grau, alles reine Wolle?“) schlottern. Wir gehen zurück zum Rest-House („dont expect luxury,“ sagte der Mann vom indischen Fremdenverkehrsamt, „its all very basic up there“ - besser hätte ich es selbst nicht ausdrücken können!) und verkriechen uns in den Betten.

Eine Initiation.

Wenn du auf einen Berg steigst, sagte meine Mutter, als ich ein Kind und sie Bergführerin beim Alpenverein war, denk nicht an das Ziel, denk nicht daran, wie weit es noch ist, wieviel du schon geschafft hast, geh einfach langsam und unbeirrt einen Schritt nach dem anderen. Immer nur die eine Wehe überatmen, sagte die Hebamme bei der Geburt meiner Tochter, nicht an die nächste denken. Das geht mir durch den Kopf, als ich Schritt für Schritt auf dem schmalen Weg nach oben gehe. Gangotri bleibt hinter uns. Es öffnet sich eine Welt von immer neuen Felsgesichtern, Kiefern, großen Steinen, steilen

Felsabstürzen. Der Pfad zur Ganges-Quelle, schmal und steinig, windet sich an der Bergflanke, an allen Falten und Buckeln des Hangs entlang, manchmal sehr steil, manchmal fast eben. In meinem Kopf formt sich ein Rhythmus, der mich unter sein Tempo zwingt. Irgendwo zwischen Felsen und Bergkiefern, die betörend duften, steht ein Zelt. Es gibt Tee. Essen kann ich nichts. Ich fühle mich zerschlagen und ekstatisch zugleich. Andere erschöpfte Pilger kommen daher. Einige Frauen lassen sich auf Holzsänften und auf Maultieren tragen. Spöttisch und ein wenig arrogant registriere ich es. Ich werde noch den Augenblick verfluchen, an dem ich beschloß, zufuß zu dieser Quelle zu gehen. Was würde ich geben, um einer Frau ihr Maultier abzuhandeln. Doch jetzt kommt keins mehr vorbei. Zu spät. Kein Träger, keine Sänfte, kein Maultier. Der Rucksack verwandelt sich auf meinem Rücken in einen höhnischen Dämon, der in meine Schultern tiefe Kerben schneidet. Jetzt bewundere ich die Frauen aus der Ebene, die ihre Grenzen schon vorher kannten, die nicht heldenhaft sein wollten, sondern sicher, daß sie zur Quelle gelangen. Die Sonne brennt auf mein Gesicht und meine bloßen Arme. Meine Lungen stechen. Jeder Atemzug wird zur Qual. Die Luft scheint sich wie ein Schweizer Messer in den Lungenbläschen einen Weg zu bahnen. Etwa eintausendvierhundert Höhenmeter müssen wir auf rund zwanzig Kilometern überwinden. Mein Rucksack wiegt ungefähr neun Kilo. Meine Gedanken kreisen wie Billardkugeln um diese Wahrnehmungen. Ich muß es nicht schaffen. Ich kann ja auch umkehren. Ich bin ja nicht die Sklavin von GLOBO. Aber umkehren? Der Rückweg ist jetzt genauso lang wie der Weg zur Schutzhütte von Bhojwasa. Also weiter. Es ist nicht so, daß ich das Bergsteigen nicht gewöhnt wäre. Aber zuhause gehe ich nur mit einer Gürteltasche, ohne Gepäck und nicht so hoch hinauf. Wir haben uns kaum Zeit gelassen, um uns an die Höhe zu gewöhnen. Vor mir gehen mühelos und zügig Vijay und Pawan, unterhalten sich, lachen, machen kleine Rauchpausen. Hinter ihnen wandert, scheinbar ohne Probleme, Bernd mit seinen schweren Kameras. Ein Geröllfeld ist zu überqueren. Der Weg ist kaum sichtbar zwischen abgestürzten Felsbrocken und feinem Sand. Nur nicht ins Rutschen kommen. Mein

Blick wandert hinunter, wo das Geröll der Erdlawine den Fluß erreicht. Weit unten ist das. Steil gehts da hinunter. Ein Gedanke streift mein Bewußtsein: ich lass mich jetzt fallen. Wie leicht wäre das. Was soll diese Quälerei, Ich bin schließlich keine ehrgeizige Summitclub-Wahnsinnige. Es gibt kein Gipfelbuch, ich will keinen Stempel. Und überhaupt, was soll diese idiotische Wallfahrt. Der Ganges ist einfach ein ganz banaler Fluß, hier heißt er ohnehin Baghirati und interessiert mich überhaupt nicht. Das Kuhmaul, Gaumukh, wo Ganga geboren wird, was für ein pathetischer, kitschiger Ausdruck, interessiert mich auch nicht. Und wie hält Messner das überhaupt aus, auf achttausend Metern ohne Sauerstoff - da hoch über mir winken sie, diese gemeinen Achttausender mit ihren Eisflanken und ihrer uralten, langsam gewachsenen, souveränen Kraft. Mir geht schon bei knapp viertausend die Luft aus. Wir sind noch keine sechs Stunden gegangen, haben rund fünfzehn Kilometer hinter uns und ich bin hier am Ende. Ich lasse mich neben einer indischen Familie nieder. Die Frau ist außer sich vor Erschöpfung, der Junge trägt ein Toyota-Käppi, der Mann tröstet die Frau und gibt ihr Wasser. Dann gibt er mir auch was ab. Die Frau und ich sind sich sofort einig, daß dieser Weg mörderisch ist. Der Mann beschwichtigt uns. Wir sitzen da und überlegen, wie wir aus dieser auswegslosen Situation am besten in eine bequeme Lage kommen könnten. Hinter dem Geröllfeld ist ja schon Bhojwasa, behauptet der Junge. Ich will aufstehen, aber ich kann einfach nicht mehr. Ich bin an meiner äußersten körperlichen Grenze angekommen. Ich nehme die Familie nicht mehr wahr, den Abgrund nicht, den Fluß nicht. Die Berggipfel ringsum dröhnen in meinem Kopf: was willst du hier? Warum bist du gekommen? Warum störst du uns? Gibt es einen guten Grund, warum du die alten Felsen mit deiner Unruhe belästigen mußt? Ja, es gibt einen, aber ich erinnere mich nicht. Es hatte etwas mit einem heiligen Fluß, mit der heiligsten aller Quellen zu tun, etwas mit einer Initiation. Ich wollte etwas Wichtiges, Heiliges, Nutzloses tun. Daß ich dafür den Auftrag einer Zeitschrift bekam, schien mir ein Zeichen zu sein. Jetzt erscheint es mir noch sinnloser. Es gehörte noch nie zu meiner Lebensphilosophie, für eine Arbeit an die Grenze der

Belastbarkeit zu gehen. Ich wollte mich heilen und bin dabei mich zu zerstören. Plötzlich finde ich das alles so komisch, daß ich zu lachen anfange. Ich lache mich fast an den Rand des Verderbens und kann mich gerade noch an einem Felsen festhalten. Da steht Vijay neben mir, dieser dürre zähe Engel, der mich offengestanden manchmal genervt hat mit seinem immerwährenden Strom von Informationen und Geschichten. Wortlos nimmt er mir den Rucksack ab, hilft mir auf und geht vor mir her. Ich schleppe mich Schritt für Schritt barfuß, denn die Schuhe ertrage ich schon lange nicht mehr, hinter seiner Anzughose her. Wie schafft er es, immer noch wie aus dem Ei gepellt mit Bügelfalte und makellosem weißem Hemd unter dem roten Pullover in dieser Höhenhölle dahinzuwandern? Jetzt erst registriere ich, daß es fast dunkel geworden ist: da unten sind Lichter, Gebetsfahnen über einem kleinen Tempel, das letzte Licht schimmert auf dem Wasser. Eine Hütte! Menschen! Und voller Staunen sehe ich Bernd völlig ausgepumpt vor der Hütte sitzen. Leben regt sich wieder in meinem Körper. Heißer Tee. Um uns herum vermummte PilgerInnen, ausgepumpt, fertig, genau wie wir. Mein letzter bewußter Gedanke: wenn wir heute zur Hütte hinunter gegangen sind, müssen wir morgen wieder aufsteigen. Aber irgendwie berührt mich dieser Impuls nicht mehr. Heute nacht geht die Welt, wie ich sie kannte, zu Ende. Wir sind durch die Initiation der fünf Elemente gegangen. Die Sonne hat uns verbrannt, die Erde, die Berge haben uns erschöpft, die Luft hat unsere Lungen an den Rand des Zusammenbruchs gebracht und Wasser hat uns gekühlt, genährt und in Strömen durch alle Poren wieder verlassen. Und schließlich haben uns die Steine geprüft, diese alten Gefährten. In der eisigen Kälte der Nacht wärmen wir uns aneinander wie junge Hunde. Im Gastraum der Hütte singen und juchzen die Menschen. Ein paar Feuer wurden angezündet. Ein Mann spuckt Blut. Alle schlottern. Sind mir die Menschen wirklich mal zuviel geworden? Habe ich es tatsächlich schon einmal bedauert, daß ich von anderen Menschen umgeben bin? Jetzt ist mir jeder Mensch kostbar. Ich bin nicht allein! Der Vollmond geht auf. Mein Entzücken ist grenzenlos. Als ich im Schlafsack schlotternd das Stechen meiner Lungen mit Bachblüten-

Notfalltropfen besänftige, höre ich andere würgen und erbrechen. Bhojwasa wird für mich immer ein Symbol meiner Demut sein.

Am Ursprung.

Am nächsten Morgen ist die Welt berückend schön und leicht. Über den drei Baghirati-Sisters, den Gipfeln oberhalb des Gangotri-Gletschers, geht die Sonne auf. Dünne Rauchfahnen steigen aus dem Tempel und aus der Hütte auf. Wir lassen das Gepäck zurück, solls doch klauen, wer es schleppen will. Es tut gut, dieses übermütige Gefühl, daß Besitz schwer ist und besessen macht! Weg damit. Barfuß und mit neuen unerwarteten Kräften mache ich mich mit Bernd auf den Weg zur Quelle. Hinter uns gehen Pawan und Vijay mit zwei jungen indischen Frauen. Sie diskutieren und lachen. Ihnen geht die Luft nie aus! Heute stehen wir schon im Bann der heiligen Quelle, Feiertagsstimmung überall. Obwohl ich nichts essen kann, habe ich keinen Hunger und fühle mich kräftig. Der Rest des Wegs ist ein Kinderspiel. Über dem Gaumukh, dem „Kuhmaul", dem Ursprung von Ganga ducken sich ein paar Zelte zwischen die Steine. In einem leben drei Sadhus, die Shiva huldigen. Wir haben es geschafft. Unter dem staubdunklen Eis des Gletschers bricht mit großer Kraft das Wasser der Ganga hervor. Ich lege mich ans Ufer und trinke aus dem Fluß wie ein Tier. Es schmeckt köstlich. Dann ziehe ich meinen Badeanzug an und lege mich in das eiskalte Wasser. Solche zähen europäischen Bergbewohnerinnen kommen den Sadhus nicht oft unter, das merkt man an ihrem entgeisterten Blick. Ein Eisbrocken löst sich vom Kuhmaul und stürzt krachend ins Wasser, treibt zwischen den Felsen dahin und beginnt den Abstieg in die Gangesebene, wo mit seinem Wasser Wäsche gewaschen, Asche von Toten und Blumenschiffchen für Ganga fortgespült werden. Die indische Familie erreicht die Quelle gegen Mittag. Die Frau weint. Ihr „Baba", ihr Meister, hat ihr aufgetragen noch höher, nach Tapobane zu gehen, wo ein Sadhu sitzt, den sie besuchen soll. Tun Sie es doch einfach nicht, schlage ich ihr vor. Folgen Sie doch Ihrem Gefühl. Das ist doch auch göttlich! Sie bedankt sich. Auf dem Rück-

weg, als wir uns wieder begegnen, gesteht sie mir verschämt, daß sie umgekehrt ist. Wir lachen uns an.
Ein junges Mädchen in Jeans und modischer Jacke schöpft mißmutig Wasser. Sie muß es für ihre Eltern holen, die den beschwerlichen Weg scheuen. Sie zeigt keine Zeichen von Ermüdung. „What a bad road." rümpft sie die Nase. „And bad air". Und weg ist sie wieder.
Wir genießen die grandiose Aussicht auf die vereisten Berge. Einer sieht aus wie ein Geierkopf, einer wie eine kalte Burg, unheimlich. Dahinter lugt der Shivling hervor. Hinter den Baghirati-Gipfeln stehen Meru und Kailash, schon in Tibet. Faul lassen wir den Tag verstreichen und schicken Pawan und Vijay schon voraus zur Hütte. Wir haben beschlossen, bei Mondlicht abzusteigen. Im Zelt der Sadhus essen wir Reisbrei und werden eingeladen, die heilige Pfeife zu rauchen, die uns prompt umhaut. Das Chillum, das die Sadhus rauchen hat es in sich. Als die Sonne untergeht, kommen uns Zweifel, ob wir den Rückweg bei Mondlicht wirklich finden und wir entschließen uns keinen Augenblick zu früh, den Rückweg anzutreten. Der Himmel bewölkt sich. Tatsächlich tasten wir uns das letzte Stück praktisch bei völliger Dunkelheit zur Hütte, denn der Mond hat beschlossen, sich vorerst zu verhüllen. An meinem Gürtel schwappt das „Wasser des Lebens und des Todes", wie es genannt wird, aus der Quelle.
Wir kommen mit einem Officer der Regierung ins Gespräch, der den Winter hier oben in der Schutzhütte verbringt. Die chinesische Grenze ist nur vierzig Kilometer entfernt. Aber was kann er allein hier oben tun? Er muß auf das Eigentum der Regierung aufpassen, mutmaßt Pawan. Er muß auf Lal Baba, den Einsiedler, der Tempel und Ashram hier oben betreut, aufpassen, meint dagegen Vijay. Es gibt Gerüchte, daß der heilige Mann ein chinesischer Spitzel ist. Der Abstieg von den heiligen Höhen wird zugleich ein Abstieg in die irdischen Verwicklungen. Das indische Ehepaar, das wir wieder treffen, erzählt uns jetzt aus seinem Alltagsleben. Er arbeitet für die Regierung, die Frau ist bei der Telekommunikation und der Sohn hat ein Geschäft für Autozubehör und Versicherungen. In Gangotri treffen wir einen lustigen Sadhu, der „president of the sadhu associa-

tion“ ist. Was er denn in dieser Eigenschaft macht, frage ich ihn. „Election“ sagt er stolz. Ist das noch pump-and-show? Müßte es nicht eine weitere Kategorie von Heiligen geben, pump-and-politics? Wir haben einen Koller und wollen nicht zurück in die Unter-Welt. Wir wollen hier oben in Gangotri bleiben, zwischen Eisriesen, wasserpolierten Flußsteinen und silbrigem Sand. Alles was von Gangas Hauch berührt wird, ist silbrig: die Nasenlöcher, die Fußsohlen, der Hosenboden... Vijay mahnt uns zur Rückkehr. Das Wetter kippt offenbar und wenn es regnet, haben wir wenig Chancen, heil nach unten zu kommen. „Landslides.“ sagt Pawan beiläufig. Die Straße nach Gangotri sei die „route of tragedies“ klagt Vijay. Aber Bernd braucht noch einen Tag zum Fotografieren und ich brauche noch einen Tag, um Abschied zu nehmen. Es fängt zu regnen an. Düstere Blicke zum Himmel. Um das Wetter kümmere ich mich, sage ich kühn. „Ich habe gute Beziehungen zu den Elementen.“ Ich spreche mit den Steinen, mit Ganga, mit dem Wind, diesem wunderbar wilden Wind, mit dem Mond und mit meinen Schutzengeln.

An diesem Abend ertragen wir diesen geschmacklosen Reis mit diesen verwässerten Linsen nicht mehr. Ich habe im Dorf gesehen, daß es frisches Gemüse zu kaufen gibt. Während die letzten Busse das Dorf verlassen, kaufen wir Blumenkohl, Bohnen, Auberginen, Tomaten, Rüben, Weißkraut - und Butter. Der Koch räumt sofort den Platz auf dem Herd. Ich hocke mich über das Feuerloch und brate in zerlassener Butter das kleingeschnittene Gemüse an. Um mich herum verwegene Männer, Soldaten, Bergbewohner, Hirten, Vijay, Pawan, der Wirt, der Koch. Und worum geht es in allen Gesprächen dieser wilden Kerle? Um Frauen. Pawan heiratet nächste Woche. Vijay hat zwei Frauen und kann sich nicht entscheiden. Was soll ich tun, fragt er mich. Im Rauch des Herdfeuers mein Gemüse rührend halte ich ihm einen Vortrag. Frauen sind etwas Besonderes, sage ich zu ihm. Nein, Frauen sind unzuverlässig, sie verspotten einen, sie sind flatterhaft, man weiß nie woran man mit ihnen ist, beklagt sich Vijay, die anderen nicken, lachen, sinnieren. Du mußt dich eben entscheiden und alles für die Frau tun, die du liebst. Du mußt alle Schwierigkeiten mutig überwinden und mußt zu deiner

Liebe stehen, meine ich. Alle nicken. Das Essen ist fertig. Es ist auch nur Reis und Gemüse. Aber dieser Geruch von heißer Butter! An diesem Abend erwähnt Bernd weder Matjesheringe noch Käsebrote. Wir sitzen zähneklappernd noch lange draußen, hören auf das Tosen des Flusses, schauen zu, wie sich der Himmel immer mehr in Wolken hüllt und verdüstert. Ob du das mit dem Wetter hinkriegst? grübelt Bernd.
In der Nacht träume ich, daß der Fluß einen Berg mitreisst. Auf den schlammigen Fluten sitzt wild lachend eine dunkle Frau mit rotem Schleier: Ganga. Wie konntest du mir das antun? werfe ich ihr vor. Schau doch! ruft sie. Ich wache auf und gehe vor die Tür: der Himmel ist sternklar, das Dorf in fahles Mondlicht getaucht. Auf dem Fluß tanzen bläulich-weiße Lichtpunkte. Ich spüre, wie ich mich in einem ekstatischen Glücksgefühl auflöse und abhebe, hinauf noch einmal im schwerelosen Flug der Erinnerung zur Quelle, über den Gletscher, hoch hinauf zu den Eispyramiden der Baghirati, zur Ma, der einzigen wirklichen Heiligen (laut Vijay), die keine Schüler, keine Jünger, keine Bewunderer hat, die nur von den Bergführern so recht und schlecht versorgt wird und seit ihrem fünfunddreißigsten Lebensjahr nur noch nach oben zieht, immer ein Stück weiter. Irgendwann wird sie den Mansarovarsee erreichen und den Kailash, dort wird sie sterben.

Wirkliche Reise ist Rückkehr.

Mühelos, zu mühelos für meinen Geschmack, zu schnell, zu endgültig verlassen wir am nächsten Tag die Berge. Eine Horde Geier weidet eine tote Kuh aus. Wie im Traum passieren wir Ziegenherden, lachende Kinder, bellende Hunde. Vijay und Pawan sind guter Dinge. Vijay singt. Er wird der Frau, die er liebt, auf der Rinde der Himalayabirke, auf der schon die uralten Sanskritschriften geschrieben wurden, einen Liebesbrief schreiben. Sollen doch Vater, Mutter und die Brüder ihn alle lesen! Pawan fährt mit der üblichen Gelassenheit und einem Lächeln auf dem Gesicht: wenn er uns in Delhi

abgeliefert hat, wird er seine Verlobte besuchen. Im nächsten Monat wird er sie heiraten. Bernd wird sich in Delhi das rote Jackett abholen, das er bei einem Schneider bestellt hat. Ich werde den alten Herrn Kuldip Singh besuchen, den vielleicht einzigen Händler zwischen Kailash und Tamil Nadu, der alte Steinperlen und dzi-Perlen noch zu erschwinglichen Preisen verkauft. Pawan gibt eine letzte Kostprobe seiner Fahrkunst: bei achtzig Stundenkilometern Geschwindigkeit springt zwischen Fahrradrikschas, Motorrikschas, Kühen, Ziegen, Fußgängern und Bussen plötzlich die Motorhaube auf. Cool bremst er voll ab und fährt vorsichtig an den Rand. Einzige Gefühlsregung: er zupft an seinem makellos weißen Hemdkragen.
Bei Sonnenaufgang verabschiede ich mich in Rishikesh von Ganga. Ich werfe Blüten ins Wasser und ein altes deutsches Volkslied kommt mir in den Sinn, eigentlich ein schamanisches Lied. Ich wüßte keins, das besser paßt zu diesen Bergen hier: Und in dem Schneegebirge da fließt ein Brünnlein kalt, und wer daraus getrunken, wird jung und nimmer alt. Ich hab daraus getrunken so manchen kühlen Trunk, ich bin nicht alt geworden, ich bin noch allzeit jung.
Als wir losfahren, zurück nach Delhi, zurück in die Zivilisation, zurück in die Welt, halte ich mein Herz fest. Aber es ist zu spät. Ich habe es dort oben, irgendwo zwischen Felsen und Gletschereis bei Ganga verloren.

HIMMEL UND HÖLLE.
Eine Reisebeschreibung

Wie oft haben Sie schon gehört: Fahr zur Hölle? Und wie oft waren Sie schon dort? Mallorca, ja, Gran Canaria! Oder Sie gehören zu den oberen Einkommensklassen, dann waren Sie vielleicht auf, Mauritius, den Seychellen, im Südwesten der USA, sowieso, aber die Hölle werden Sie wohl so bewußt noch nicht bereist haben. Wenn sichs auch leicht dahinsagt: das war die Hölle! Hochhausbrand, Flucht, Kriegsmassaker, Flugzeugabsturz, Schiffskatastrophen, Drogenhölle, Spielhölle. Verspätete, überfüllte ICE-Züge, in denen jeder der anwesenden Manager nach einem anderen Duftwasser stinkt, schlechtes Essen, 45 Grad im Schatten, zehn Stunden Stehen, ein Flugzeug mit 366 Passagieren, das in Bombay zwischenlandet. Schön und gut, aber ist das die Hölle? Der Untersberg bei Salzburg, dieser Ayers Rock des Alpenlandes, galt einem Mönch im 16. Jahrhundert ebenso als Hölle wie der Kalitempel in Kalkutta die Hölle für Pasolini war, nämlich das „Widerlichste" das er in seinem Leben je gesehen hatte. Die Hölle ist ein wandelbarer Ort. Atomkraftwerke sind die Hölle für Atomgegner, eine Wohnhöhle mit Decken und Fellen tut es schon für den Stauballergiker.

Wie sieht die Hölle aus? Vegetation ist dort gleich null, weil es zumindest in der christlichen Reisebeschreibung zu heiß ist. Feuer lodert und züngelt aus allen Ecken, das von kleinen Teufeln mit niedlichen Hörnern eifrig geschürt wird. Musikalisch wird nicht viel geboten sein, denn: Wo man singt, da laß dich ruhig nieder, böse Menschen haben keine Lieder. Affenähnliche Wesen bevölkern die Hölle, Hunde sowieso, die berühmten Höllenhunde, Anubis in der ägyptischen Mythologie, Schweine vermutlich auch (Höllenschnitzel?).Einen Kanarienvogel kann man sich in der Hölle eher schwer vorstellen, oder gar ein süßes flauschiges Kaninchen. In der buddhistischen Mythologie und vorbuddhistischen Bön-Tradition gibt es die wilden Mahakalas, Dämonen männlicher, weiblicher und geschlechtsloser Ausprägung. Osteuropa hat die furchterregende Babayaga, die in einem Haus auf einem Hühnerfuß lebt, ihr Gartenzaun besteht aus Menschenknochen, das Gartentürchen ist gar ein Knöchlein von einem kleinen Finger und das Sonderangebot in ihrem Anwesen ist ein Licht, das aus einem Totenschädel (ja, die gehören unbedingt und in großer Menge zur Hölle) strahlt und so grausam hell ist, daß jeder Mensch mit unlauteren Gedanken und Begierden zu feinster Asche verbrennt (also alle?). Von Müttern gesegnete Töchter sind der Babayaga zwar dem Anschein nach ein Greuel, sie hilft ihnen aber, wie das Märchen Wassilissa die Wunderschöne berichtet.

Feuer, Asche, Kohle und Knochen sind feste Bestandteile der Höleneinrichtung. Ein Äquivalent der indischen Hölle zu Babayaga ist Kali, die Gebieterin über Zeit und Zeitlosigkeit, Hebamme ins Leben und in den Tod, ein dürres, ausgezehrtes altes Weib, das, mit einem Tigerfell um die Hüften, Rosse und Soldaten in ihr riesiges Maul schiebt und frißt und die Schutzgöttin der Unberührbaren, der Diebe und der Taxifahrer ist. Kinder verschlingt sie sowieso. Knaben, wohlgemerkt! Auch das ist der Hölle irgendwie eigen, daß furchterregende Weiber Kinder mästen, braten, fressen, verschwinden lassen. Interessant ist in unserem Kulturkreis die Vermutung, daß die Hölle auch zwischen den Beinen einer Frau liegt. Von der Vagina dentata zum Höllenpfuhl, feucht, heiß, dunkel, verschlingend, ha!, bis zu dürren Brüsten, die darüber baumeln und Gift verströmen ist in den Urlaubsfotos von der Hölle und den entsprechenden Beschreibungen von Priestern, Mönchen und Inquisitoren alles drin. Den Weg in die Hölle finden - logisch! - die Bösen leichter als die Guten, wer immer das ist. Und weil da die Übergänge so fließend sind, scheinen alle in die Hölle zu kommen, was zumindest der Witz belegt: Kommt Jesus in den Himmel zu Petrus. Am ersten Tag gibts Joghurt, am zweiten Tag auch, am dritten, als Petrus wieder Joghurt bringt, sagt Jesus schüchtern, nach unten deutend: wieso müssen wir eigentlich jeden Tag Joghurt essen, schau mal, was da unten in der Hölle alles aufgefahren wird! Petrus darauf: Meinst du wegen zwei Leuten fange ich zu kochen an? Während die christliche letzte Reise im Fegefeuer beginnt und in der Hölle endet - schön beschrieben von Dante Alighieri, man steht im Wasser, leidet die bekannten Höllenqualen, das Wasser reicht bis zum Kinn, aber man kann nie trinken - sieht der Buddhismus auch für die schrecklichste aller Reisen nur 49 Tage vor. Das läßt sich aushalten, denkt man da doch gleich und tritt zum Buddhismus über. In Ägypten wird vor allem die Reiseausstattung streng vorgeschrieben und wer den Abenteuerurlaub in die Hölle antritt und sich von einem Krokodil fressen läßt, kann mit einer Neuausstattung seiner Körpermaterie rechnen. Unsere germanischen Vorfahren werkelten noch mit drei-, sechs- und neunköpfigen Drachen an der Höllenbrücke Giallabrur herum, nachzulesen in vielen nordischen Märchen. Bingwoer und Listwoer bewachen die Brücke, die zu Hel führt, Unterwelt und Unterweltsgöttin zugleich. Wozu die beiden die Brücke bewachen ist mir zwar nicht ganz klar, denn wer (außer mir) würde wohl freiwillig dorthin reisen und Hel besuchen?

Sexualität und Ausscheidungen aller Art scheinen auch in die Hölle zu gehören weshalb auch allen großen Religionen Askese als Ausweg aus der Hölle gilt, was wiederum für mich die Hölle wäre. Wers mag!

An Gerüchen ist in der Hölle den Beschreibungen zufolge mehr geboten als anderswo: Schwefel, der Geruch von Sperma, Scheiße, Fäulnis, Verwesung und Verbranntem hängt in der Luft. Demnach war die Poebene auch schon mal die Hölle, als ich in jenem heißen Sommer durchfuhr.

Ungeachtet der Tatsache, daß das, was uns tagsüber Himmel ist, nachts unter uns liegt, wird die Hölle immer als „unten“ definiert. Nicht „aufgefahren zur Hölle“ heißt es in einem der bekanntesten Reiseberichte, zu Ostern in unseren Breiten rezitiert, sondern zum guten Himmel, mit den schönen Sternlein, weißt du wieviel! Der Film „Angel Heart“ liefert uns eine der inspiriertesten Höllenfahrten: ein Mann tötet aus diesem bekannten Motiv „berühmt“ zu werden, einen anderen und ißt sein Herz. Daß daraus nur Schrecken entstehen kann, wird jeder verstehen. Mord und Totschlag, Blut, kochende Gumbo-Suppe, in der ein Mensch mitgekocht wird und so weiter und am Schluß: ab in die Hölle, mit dem Fahrstuhl, tief nach unten. Herz was willst du mehr!

Der Wege in die Hölle sind viele. Fluchen oder masturbieren sind die Abkürzungen, jedenfalls, wenn man der Kirche glaubt. Töten sowieso. Die sieben Todsünden der katholischen Kirche sind ein verläßlicher Reiseführer direkt in die Hölle. Aber daß da nicht jemand der sehr verfroren ist glaubt, die Hölle sei einfach nur heiß und sonst nichts. Die Chefs der Hölle verstehen es laut Religionsvorlagen vieler Kulturen sehr wohl einem jeden die Hölle so individuell wie nötig zu gestalten. Wie steht's dagegen mit dem Himmel? Über den Himmel würde ich nichts schreiben wollen sagt ein Freund, Journalist, das wäre mir zu langweilig. Auch der Brandner Kaspar des gleichnamigen Volksstücks hatte im Himmel keine rechte Freude, von wegen Hosianna singen und Manna statt Bier. Mich machte der Himmel bereits im Religionsunterricht im zarten Alter von 11 Jahren mißtrauisch. Was essen im Paradies die Löwen fragte ich. Sei nicht so frech, war die Antwort. Aber wahrlich ich sage euch, wer im Himmel nichts hat, um sich zu nähren, ist doch nicht glückselig!

Der Himmel ist immer oben, wie gesagt, das Höhere ist der Himmel, das Heilige. Das Heile könnten wir auch sagen. Holy, hollow, whole (heilig, hohl, ganz), da kann mans sichs aussuchen! Das Süße wird mit dem Himmel verbunden, das Schwebende, die Engel sowieso. Flügel. Für die Geier reichts doch nicht ganz, Flügel hin oder her, sie gehören eher zur Unterwelt, im Gegensatz zu den Paradiesvögeln, oder? Während die Hölle eher im Schatten liegt, ists im Himmel stets hell, leuchtend, erleuchtet. Aber wo kommt die Helligkeit her? Wissen wir nicht, daß das Weltall dunkel ist, spätestens seit Heiner Müller? Und warum ist Abrahams Schoß himmlischer als der Schoß einer Frau? Gott in Frankreich suggeriert, daß der Himmel irgendwo zwischen den Atomkraftwerken an der Loire in einem drei-Sterne-Lokal liegt. Die Buddhisten sehen den Himmel in den Bergen, die sie „die unteren Himmel“ nennen. Der Himmel beginnt auf der

Erde, soviel ist klar. Liegt nicht die ganze Erde im Himmel? Geographisch zumindestens. Im Himmel blühen allezeit die schönsten Blumen, weil der Himmel das Paradies ist und wie wir wissen stehen dort auch Apfelbäume. Wenn ich daran denke, wieviel Arbeit unsere zwanzig Apfelbäume jeden Herbst machen, Äpfel pflücken, Säcke schleppen, Apfelkeller ausräumen, putzen, schwefeln, höllisch! Wer macht die Arbeit im Himmel? Vermutlich holen sie sich dafür Gastarbeiter, polnische Päpste, oder Mutter Theresa, die es gewohnt ist, Gutes zu tun. Ob die allerdings im Himmel eingelassen werden, ist doch eher fraglich, ich denke da an die Millionen, die Mutter Theresa von Diktatoren angenommen hat oder an die verhungernden Kinder, die per Papstdiktat geboren werden mußten. Naja, ich weiß aber auch nicht, wie die Personalpolitik dort ist. Wäre vielleicht sinnvoller gewesen, die gefallenen Engel nicht in die Hölle zu schicken, sondern ihnen soziale Aufgaben zu übertragen, anstatt ihnen so abwechslungsreiche Arbeiten aufzutragen, wie Korn in ein Schaff ohne Boden zu füllen und herumfrettende Menschlein in Versuchung zu führen. Und was hat eigentlich Luzia, die Göttin des Lichts mit Luzifer dem Höllenfürsten zu tun?

Welche Wege führen zum Himmel? Sauerstoffmangel auf hohen Bergen scheint ein guter Weg zu sein, Dauerlauf und Fasten kommt auch gut. Die Derwische drehen sich, bis sie sich hoch in den Himmel geschraubt und dort ihre Visionen abgeholt haben. Amerikanische UreinwohnerInnen finden den Himmel nicht selten auf Visionssuche, zum Beispiel auf dem Bear Butte, wo Crazy Horse schon Wegbeschreibungen fand. Ein satter Orgasmus tuts gelegentlich auch. Der kürzeste Weg in den Himmel, zugleich auch der kostengünstigste ist Lachen. Wer nichts zu lachen hat, muß sich mit anderen Techniken behelfen. Die katholische Kirche bietet Rosenkranzbeten, Maiandachten und Ave Marias, nachdem der Ablass aus der Mode kam. Im Buddhismus werden Rosenkränze und Gebetsmühlen gedreht. Wer sichs leisten kann und ein Visum bekommt, kann auch den Berg Kailash in Tibet umrunden, allerdings sollte man 108mal herumgehen, bis der Himmel sichtbar wird. Das Nirvana

überzeugt seit Cobain nicht mehr so recht als himmlische Einrichtung und für mich ist es sowieso eine Wirtschaft am Fuß des Blomberg.
Im Himmel sind alle Frauen jung und haben Flügel. Nur Petrus ist alt. Wie es mit den Erzengeln ist, weiß ich nicht so genau, aber ganz taufrisch können die auch nicht mehr sein, nach so langer Zeit. Einem Volksglauben zufolge soll man nicht mit dem Finger zum Himmel zeigen, weil man sonst den Himmelvater sticht! Den Germanen war der Himmel übrigens kein Götterwohnort, sondern lediglich abschließendes Gewölbe über der Welt. Musikalisch können wir uns den Himmel so vorstellen: er hängt voller Geigen, Harfen und Lauten werden gespielt, gelegentlich auch die eine oder andere Trompete. Gepfiffen wird im Himmel nicht. Das hat der Himmel mit Theatern gemeinsam. Schon gar nicht dürfen Mädchen pfeifen, da „weint die Himmelsmutter". Sie weint vermutlich, weil Pfiffe, wie unsere Vorfahren wußten, die Geister rufen. Und ganz fair ist sie auch nicht, wie könnte sie sonst einem kleinen Mädchen alle Schlüssel zu ihren Himmelsschloßzimmern geben, aber die dreizehnte Tür darf es nicht aufmachen?
Warum kam Jesus, nachdem er gen Himmel aufgefahren war, wieder auf die Erde? Irgendein Haken muß da sein. Jedenfalls gibt es wohl mehrere Himmel, denn als Optimum gilt ja der siebente Himmel. Den haben wir übrigens von den Babyloniern übernommen, wo er der Ort der höchsten Verzückung ist. Paulus schaffte es (Kor.12,2) nur bis in den dritten Himmel, aber auch „entzückt". Liebe soll eine Himmelsmacht sein. Für mich ist allerdings der Begriff Himmel mit dem Begriff Macht einfach nicht kompatibel. Das mag daran liegen, daß ich allein die Abwesenheit von Macht himmlisch finde. Während am Himmelszelt alle Sternlein stehen, stehen am Höllenzelt wohl nur Stern-Reporter. Der Himmel kommt mir nicht näher, wenn ich in einem Bierzelt höre, wie die Besoffenen singen: wir kommen alle, alle, alle in den Himmel, weil wir so brav sind. Daß brave Mädchen in den Himmel kommen, ist mittlerweile Allgemeinbildung, aber wenn die bösen überallhin kommen, dann kommen sie doch wohl auch in den Himmel. Da habe ich noch Hoffnung. Einer der ersten

Filme, die ich als Kind sah, hieß „Der veruntreute Himmel". Veruntreut, das war auch so ein geheimnisvolles Wort wie „bilateral" und „Montanunion". Ich konnte mir als Kind keine rechte Vorstellung von Himmel und Hölle machen, zumal es mir unheimlich war, daß da oben dieser weißhaarige Mann saß und mir zuschaute, wie ich die Selbstbefriedigung erfand. Ist der Himmel so langweilig?
Erst die Beschäftigung mit Stammeskulturen ordnete mein Weltbild. Da gibt es auf einer Südseeinsel Löcher im Boden, die heilige Orte sind und ins Paradies führen. Den Ewe und Fon in Afrika ist das Meer, der Wohnort der Mami Wata eine Art Himmel. Für Inuit ist der Ort, wo Sedna tief unten im Meer in ihrem Kessel alle Tiere kocht und zu den Menschen schickt, das Paradies. Bei nordamerikanischen Navajos träumt Changing Woman die Welt und in ihren Träumen sind wir gut aufgehoben. Ähnlich wie die Hopi ihren Trickster oder die Lakota „Coyote" haben, das unberechenbare Element, die Kraft, die stört, um etwas bewußt zu machen, gibt es bei den Yoruba Nigerias Eshu, eine Art kosmischen Kasperl. Für die christlichen Missionare, die für diese Philosophie gar keine Wahrnehmungsorgane hatten, also auch nicht verstehen konnten, wie verwoben das Netz von Himmel und Hölle ist, waren Trickster, Eshu und dergleichen einfach teuflisch, urböse. Die monotheistischen, patriarchalen Religionen versuchen das Problem des Spielraums zwischen kreativ und zerstörerisch, zwischen „gut" und „böse" gern in „heiligen Kriegen" und durch Inquisition und Ausrottung zu lösen. Aber wie weit sie damit gekommen sind, sehen wir ja. Erleuchtung existiert, zum Beispiel in Trance-Ekstasen, niedrige Instinkte auch. Alles ist göttlich, sage ich mal im Stammes-Slang. Tabus werden gebrochen, das ist einfach normal. Also feiert man Rituale, um den Tabubruch auszugleichen. Himmel und Hölle sind ganz nah zusammen, vielleicht ein und dasselbe! In der kosmischen Landkarte geht es darum, mit allem bewußt umzugehen, beherzt und unbekümmert den eigenen Weg zu gehen, wie es in dem Kinderspiel gesprungen wird: Himmel und Hölle sind Felder, in die du springst und aus denen du wieder herausspringst. Spaß muß sein. Und wie heißt es in meinem Lieblingsjodler vom Kasermanndl? Da sitzt ein kleines

Ganggerl (ein weiblicher Dämon) im Graben, mit kohlschwarzen Augen, aus denen siehst du bald den Himmel, bald die Hölle herausschauen! So ist das. Demons are a girls best friend! Denn die vollkommene Glückseligkeit liegt neben der vollkommenen Verkommenheit, die göttliche Lust neben der höllischen Wollust, das Alleinsein (all-eins-sein) neben der Einsamkeit, die Liebe neben den Trieben. Go to hell, stay where you are! Himmlisch..

Verlottert Geläutert Erleuchtet. Pilgerreise zum Kailash

Der Orakellama, der neben einem Räucherofen an der Seite des Jokangtempels in Lhasa sitzt, gibt mir einen schmalen Kristall in die Hand und fängt an zu murmeln. Von der Polizeistation gegenüber des Jokang plärrt ein Lautsprecher chinesische Schlager. Ein Junge lehnt auf meiner Schulter, ein paar Bettelmönche beobachten das Geschehen. Pilger drängen an uns vorbei, um den Jokang zu umrunden und ihr Karma zu verbessern. Ich bin, wie ich es bei Alexandra David-Neel, einer der ersten Tibet-Reisenden aus Europa, gelesen habe, zu einem Orakellama im Jokangtempel gegangen, um etwas über den Ausgang meiner Reise zum heiligen Berg Kailash zu erfahren. Das hätte ich vielleicht bleiben lassen sollen, denn plötzlich starrt der Lama mich an, wendet sich heftig ab, steht auf und geht. Auch der Junge rennt weg und ich sitze auf dem Boden wie ein begossener Pudel mit dem Kristall in der Hand. Niemand will mir sagen, was das zu bedeuten hat. Es scheint jedenfalls kein günstiger Ausgang des Orakels zu sein. In dieser Nacht kommt die Polizei ins Snowland Hotel, ein einfaches tibetisches Gasthaus, in dem ich mit dem Fotografen Bernd Hoff abgestiegen bin. Bei der Razzia werden drei junge Individualreisende aufgefordert mit dem ersten Bus zum Flughafen zu fahren und das Land zu verlassen. Ein Einzelvisum kann eben jederzeit ohne Angabe von Gründen widerrufen werden. Ich laufe tagelang durch Lhasa, kaufe Kerzen, warme Schals, ein Ziegenfell, alte steinerne Perlen, Mineralwasser,ein Messer - was man halt so braucht auf einer langen, entbehrungsreichen Reise. Ich beobachte die Billardspieler der Altstadt, esse mich durch die diversen chinesischen und tibetischen Kneipen, pilgere ein ums andere Mal auf den Gassen des Barkhor, der Marktstraße, um den Jokang herum, was meinem Karma und meinem Appetit ausgezeichnet bekommt. Vom Banak Shol, einem wunderschönen tibetischen Hotel, in dem ich zu Abend esse, genieße ich den Blick auf den Potala am anderen Ende der Stadt. Ich besuche ihn sogar, den Potala, obwohl ich beim Anblick dieses Monumentalgebäudes eigentlich zu faul bin, es mir wandernd zu erarbeiten, aber ich denke, wenn ich letztendlich doch um den Kailash herumgehen will, kann es nichts schaden, hier schon mal ein bißchen zu üben. Erste Informationsfetzen über den Kailash aus dem Yak-Hotel und dem Banak Shol: karges Land, nirgendwo Möglichkeiten, Essen zu kaufen, anstrengende Umrundung, viele sind umgekehrt, einer hat es gar in einem Tag geschafft. Und dann erzählt ein Amerikaner, daß der Junge, der mit ihm im Bus von Kathmandu gekommen ist, in Shigatse im Koma lag und in Lhasa tot war. Nicht ermutigend!

Als ich langsam aufhöre, über das schlechte Omen des Orakellamas nachzudenken, als auch die grauenvollen Kopfschmerzen der ersten Tage endlich nachlassen, trifft mich die Keule: Bernd, mein alter Reisegefährte und Fotograf, ist todkrank und muß so schnell wie möglich aus Tibet ausreisen. Höhenkrankheit, eine eventuelle Darminfektion... Die letzte Nacht in Lhasa liege ich im Bett und grübele. Mein Zimmernachbar singt leise ein tibetisches Lied, irgendwo läuft ein Fernseher, Fußballweltmeisterschaft, wie bitte?

Punkt halb zwei fangen wieder die Hunde, die heimlichen Herrscher Tibets, zu bellen an, zuerst einer, dann weit weg ein anderer, dann die Rudel der ganzen Stadt, ein wütender, schriller Chor, der in den Schlaf der Menschen einfällt. Am Morgen liegt der hübsche sandfarbene Hund des chinesischen Restaurants auf der Straße, vom Rudel totgebissen, weil er schwach war und hinkte.

Ich frühstücke mit meinem Zimmernachbarn, einem Tibeter, der im Sommer in Lhasa arbeitet. Er spricht etwas englisch und wir verständigen uns mit Händen und Füßen. Ein junger Chinese mit Baseballkäppi setzt sich neben uns und bekommt große Ohren. Wortlos nimmt der Tibeter ein Eßstäbchen aus einem Glas, schaut dem Chinesen in die Augen, zerbricht es und wirft es ihm hin. Das Gefühl, das ich in diesem Augenblick habe, verläßt mich die ganze Reise

nicht mehr: die Tibeter haben ein neues Selbstbewußtsein entwickelt, China hat den spirituellen Machtkampf verloren und jetzt geht es um die Art des Rückzugs, der so würdevoll und mit so wenig Machtverlust wie möglich ablaufen soll.
Alles in mir hatte sich gesträubt, als mir klar wurde, daß ich rund 3500 Kilometer auf zum Teil schlechtesten Pisten mit einer Reisegruppe zusammengeschweißt zum Kailash im Südwesten Tibets fahren und mit dieser Gruppe um den Kailash herumpilgern soll. Es ist meine erste Erfahrung mit einer Reisegruppe, aber ich will gleich vorweg nehmen, daß es nicht wenige Situationen auf der langen Reise gibt, in denen ich der Schöpfung danke, daß ich nicht allein bin. Wir haben ein tibetisches Fahrerteam, vier gute Toyotas und einen tibetischen Guide - das ist neu, weil man bis vor kurzem nur schlechte Autos und chinesische Teams bekam und in chinesischen Kasernen und Gasthäusern übernachten mußte. Mein Zimmernachbar im Snowlands Hotel hat mir auf meine Zweifel bezüglich der Reisegruppe noch mit auf den Weg gegeben: Es gibt keinen Menschen, der Tibet besucht, der nicht irgendetwas mit diesem Land zu tun hätte.„ Vielleicht waren alle diese Menschen einmal zusammen in Tibet reinkarniert.“ Eine wunderbare Vorstellung (Du warst früher bestimmt mal ein Yak, sagt später Tenzin, der tibetische Guide zu mir).
Der Universitätsprofessor Jörg und seine Frau Edda, die Hautärztin, die eine erstaunliche Kenntnis einheimischer Pflanzen hat, Tenzin, der Fahrer und ich sitzen zusammen im Auto. Gemeinsam lassen wir uns von der kargen, spektakulär schönen Landschaft berauschen, die unterhalb des Kampa La Passes vor uns ausgebreitet liegt. Atemberaubend ist nicht nur die Aussicht auf den türkisfarbenen Yamdok Yutsho See, sondern auch die Höhe: erstmals sind wir bis auf 4794 m hochgefahren, keine ganz einfache Erfahrung! Den Karo La mit 5010 m packen wir dann schon mit links.
In Shigatse soll ein Thankafest stattfinden! Peter, der Salzburger Reiseleiter, ein witziger Buddhismus-Insider, ändert spontan das Programm und anstatt in Gyantse zu übernachten, fahren wir nach Shigatse weiter. Das führt dazu, daß ich eine ewige Sehnsucht nach

Gyantse, dieser Western-Stadt entwickle. Zwischen zwei Reihen niedriger tibetischer Häuser liegt eine breite Staubstraße, auf der gelegentlich mal ein Pferdefuhrwerk von einem Ende zum anderen trottet. Hoch über der Stadt ragen die Ruinen der alten Burg in den Himmel und den Abschluß des Ortes bildet das Kloster - wie von Dali entworfen. Ein weiterer Übungsort für die Kailashumrundung ist der Kumbum-Chörten des Klosters von Gyantse. Irgendjemand hat dankenswerterweise die 85 Kammern dieses Verehrungsortes (Chörtens) besichtigt, die Malereien - noch aus dem 15. Jahrhundert, nepalesisch beeinflußt - registriert und beschrieben. Wer alle Kammern besucht, gewinnt Pluspunkte für die nächste Reinkarnation. Ich beschließe nach der 24. Kammer, auf diese zu verzichten, lege mich zu den Hunden in den Hof und schnappe längere Zeit nach Luft. Anstatt mich mit den Buddhas und Boddhisatvas, mit den Mahakalas und den Höllenqualen, als da sind Hunger- und Durstdämonen, die heißen und die kalten Höllen und vor allem der Schwertblätterwald, zu beschäftigen, von denen ich sicher bin, daß sie mir allesamt auf der Reise begegnen werden, träume ich davon, in Gyantse einen tibetischen Western zu drehen. Andere Abtrünnige gesellen sich zu mir: Ilse, die Narkoseärztin, die, je dünner die Luft wird, je mehr Zigaretten raucht, ein verblüffendes Phänomen, das auch bei mir funktioniert und jeder Höhenmedizin spottet, Karli, der Sohn eines Gynäkologenpaars, („Mediziner haben wir genug - 6 - jetzt brauchen wir nur noch jemanden, der notschlachten kann"), Wolfgang, ein Münchner Original, der es trotz angegriffener Gesundheit in Tibet wissen will, Doris, die frühpensionierte Lehrerin, die sich mit buddhistischen Gestalten und Symbolen gut auskennt und trotzdem irgendwann einen Buddha- und Boddhisattva-Infarkt bekommt. Die Stimmung in den Autos ist ausgelassen und heiter als wir durch das fruchtbare reiche Tal zwischen Gyantse und Shigatse mit den wunderschönen Sakya-Häusern fahren.

Es stellt sich heraus, daß die Idee, das Thanka-Fest in Shigatse zu besuchen, ganz hervorragend war. Von überall strömen fromme TibeterInnen zum Kloster Tashilhünpo, Khampas mit ihren Fellmänteln, dem Kopfschmuck aus rotem Garn und den langen Messern („for killing people" grinst einer auf meine Frage, wozu er das Messer trage), Hirten, Alte, Kinder... Tausende von Pilgern aus allen Teilen Tibets sammeln sich vor dem Klostertor, um die Umrundung des Klosters zu beginnen, die darin gipfelt, unter dem 50 x 60 m großen Thankabild vorbeizudefilieren und den Klosterberg wieder abzusteigen.

Wir werden als zahlende Gruppe durch die Klosterpforte eingelassen, um die Klostergebäude zu besichtigen. Vermutlich weil es mich zu den einfachen Pilgern zieht, gerate ich in den Sog, der die Menschen unter dem riesigen Thanka durchschiebt und ehe ich denken kann, habe ich das Klostergelände verlassen und beginne den steilen Abstieg außerhalb der Klostermauern, der gefährlicher wird, je tiefer man abgestiegen ist, weil immer wieder von oben Steine losgetreten werden, die einem um die Ohren fliegen. Ich werde durch die schmale Gasse gedrängt, die zwischen zwei Mauern die Umrundung des Klosters beendet und stehe schließlich auf der Straße vor dem Kloster - getrennt von der Gruppe. Es kann ja wohl nicht so schwierig sein, ans Klostertor zu gehen und Einlaß zu fordern. I'm a tourist, I'm looking for my group.

Haha. Vor dem Tor stehen an die fünfzig Tibeter, die auch rein wollen, an die Tür schlagen und rufen. Ich dränge mich mit meinen zwei Sätzen zwischen sie. Plötzlich öffnet sich die kleine Tür, ein dicker Mönch erscheint mit einem riesigen Holzknüppel und drischt auf uns ein. Zuerst trifft er eine Frau mit einem Baby auf dem Rücken, die taumelt und fällt. Dann schlägt er mich auf die rechte Schulter und weckt meine Wut. Warum schlagt ihr Pilger! schreie ich ihn an. Ist es ein Verbrechen, das Kloster besuchen zu wollen? Ich gebe ihm einen Stoß, er weicht zurück und ein Teil der Leute drängt mit mir durchs Tor. Ich bin wütend und verwirrt. In Friedemann Bergers Buch „Gesichter Tibets" habe ich gelesen, daß früher zur Zeit des Pilgermonats die Mönche Polizeigewalt hatten und so viele Leute umbrachten, daß ihnen diese Befugnis wieder weggenommen worden war. Ich habe das für prochinesische Propaganda gehalten, sehe aber bei diesem Fest in Shigatse noch mehrmals Mönche dürre Pilger mit Gummischläuchen prügeln. Ich bin wirklich erleichtert, als ich meine Mitreisenden entdecke und gemeinsam schauen wir zu, wie der riesige Thanka zuerst mit einem bunten Vorhang bedeckt, dann eingerollt und von den kräftigsten jungen Mönchen ins Kloster getragen wird. Vor den Trompetenspielern des Klosters wirft sich ein chinesischer Soldat in den Dreck, um sie besser fotografieren zu können. Was für ein Symbol!

Umgeben von Grasland, Yaks und Scharen von Einheimischen richten wir uns zum ersten Mal in den Zelten ein. Ich breite alle Kleidungsstücke aus und am nächsten Tag ist meine Tasche viel leichter, weil die Bewohner des nahen Dorfs Jeans, Pullover und diverse T-Shirts brauchen konnten. Aber auch die Stofftasche mit dem Kristall des Orakellamas ist weg. Ist das nun ein gutes oder ein schlechtes Zeichen? Die Kleidungsstücke vermisse ich nicht, der Reißverschluß der Tasche läßt sich jetzt ganz leicht schließen - ein Segen.
Westlich von Shigatse beginnt das wilde Land, in dem vermutlich das tibetische Sprichwort „Über dem Buddhismus ist der Himmel, der alles weiß“ entstanden ist. Karg, einsam, arm an Vegetation und Menschen breitet sich die Hochebene des Transhimalayagebiets vor uns aus und bringt uns an körperliche und seelische Grenzen. Als wir auf der deprimierendsten Route unserer ganzen Reise zwischen kahlen Bergen, Salzseen, trostlosen braunen Ebenen eine Pause machen, entdecke ich, daß die Leute, die mir die Kleider genommen haben, einen uralten Tigerzahn in die Seitentasche des Rucksacks gesteckt haben.„ You are lucky!“ ruft der tibetische Fahrer Dorje aus.„You are too much strong!“ Ich habe das schlechte Omen gegen ein besseres ausgetauscht und mit ein paar Klamotten dafür bezahlt! Im Augenblick tröstet mich das gar nicht, wir haben gerade eine Paßhöhe (5500m) erreicht, bei der alle mit blauen Lippen schweratmend herumstehen.Sogar Ulli, die Wiener Zahnärztin raucht hier. Erwin, Ex-IBM-Manager fotografiert („Ich hab 1200 Dias von Nepal.“) und Peter, der Reiseleiter, der bisher noch keine Schwächen gezeigt hat („nur die Harten kommen durch“) japst nach Luft. Meine Zweifel bezüglich des Kailashs werden wieder stärker. Die Paßhöhe des Dölma La am nordöstlichen Teil der Kailash-Umrun-

dung ist nochmal etwa 200 m höher und das soll ich zufuß schaffen? Vorerst verlassen wir die ungastliche Höhe und hoffen auf Wasser und Vegetation - eine Hoffnung, die leider nicht erfüllt wird. Malerische Salz- und Bitterseen verhöhnen unser Bedürfnis, die Zelte aufzustellen und zu rasten. Ohne Wasser kein Lagerplatz. Staub dringt durch alle Ritzen. Überall wird trocken gehustet und die ersten Halluzinationen werden gehandelt („ist da nicht ein Fluß?"). Real sind die Tierkadaver, die nicht besonders ermutigend für uns herumliegen. Ein Yak ist auf den Vorderbeinen eingeknickt und steht so, den Kopf zum Himmel gereckt, in der dürren Landschaft - innen vollständig ausgefressen. Schöne Aussichten! Als die Stimmung ungefähr auf den Nullpunkt gesunken ist, erreichen wir die häßliche kleine Siedlung Tshochen, die uns nun, dank der Entbehrungen, wie ein wahres Wunder erscheint.Hier am Fluß stellen die Sherpa, die bei Lhatse mit ihren Trucks zu uns gestoßen sind, die Zelte auf.
Als ich zuhause die Nordwestroute zum Kailash durch die verschiedenen Reiseführer verfolgt hatte, waren mir die Namen und Orte so verführerisch, so verlockend erschienen. Jetzt stelle ich fest, daß so ein Ortsname, trocken hingeschrieben, unter Umständen gar kein Ort ist, sondern der Name einer Gegend, daß selbst Orte oft nicht mehr bedeuten als zwei, drei Lehmhütten und eine Polizeistation, daß Landschaftsbeschreibungen vermutlich einfach abgeschrieben wurden und sich nicht mit der Trostlosigkeit decken wollen, die sich vor den Augen entfaltet. Auf der nächsten Tagesetappe haben wir das ungewöhnliche Glück, die vierzig Zentimeter Wasser, die es im Jahr dort regnen soll, gleich auf einmal hingeschüttet zu bekommen, sodaß auch die Zelte schön durchnäßt sind.
An diesem Abend sitze ich mit den tibetischen Fahrern, Tenzin, dem Guide und dem tibetischen Koch (den die Gruppe wegen seines eigenartigen Aussehens „die Reinkarnation der Mumie Ramses des Zweiten" nannte) zusammen und lasse mich von ihnen gnadenlos mit Chang abfüllen. Ein Glücksgefühl durchströmt mich. Zu unseren Füßen liegt das chinesische Barackendorf Gertse. Ein gigantischer (Erwin: „Das isch noch nicht gigantisch!") Sonnenuntergang färbt die Berge ringsum gelb und golden, blau, orange, schwarz und

die Wolken rosarot. Ich bin ausnahmsweise bereit, mich auf dieses Abenteuer noch länger einzulassen, aber auch nur, weil Dorje, unser Fahrer, mir noch einen Becher Chang gibt. Gertse liegt ca. 1000 mittlere und ganz schlechte Pisten-Kilometer (auf den jeweiligen Landkarten als Hauptstraßen getarnt) von Lhasa entfernt. Außer Saufen, Rauchen und Schlafen fällt mir auch nichts ein, was irgendwie mehr Sinn machen würde. Ich habe es im Hinterkopf, da war irgendwas mit einem heiligen Berg, haha, saukomisch, ich umklammere meinen Tigerzahn, you're lucky, klar. Mit so viel Glück mußte ich ausgerechnet hier landen.
Lieber Bernd, schreibe ich in mein Tagebuch, heute wärst du endgültig ausgeflippt, malerische Landschaften, aber keine Zeit zu fotografieren, wir haben Zeit verloren und müssen die Tagesetappe schaffen. Rütteln, schütteln, über eine Sanddüne fliegen und auf allen Vieren in einer Bodenwelle landen (Sorry! No problem!) Nomaden in Fellmänteln, die rechte Schulter und der rechte Arm frei, wilde, urtümliche Yaks, kleine Babys, die auf Eseln zwischen Fellen und Gepäck festgebunden schlafen,Antilopen, Wölfe, Gazellen, Hasen, Kiangs (Wildesel), lachende, offene Gesichter. Kugelschreiber und Bonbons werden ausgeteilt, was mich wiederum zum ausflippen bringt. Staub überall, fahren, fahren, mitten auf der Piste Mittagspause machen. Weiterfahren. Einschlafen, von einem Schlagloch am Genick wieder aus dem Schlummer gerissen werden. Flußdurchquerung. Noch hundertfünfzig Kilometer! Wie konnten wir uns auf so etwas einlassen...

Die Landschaft wird derart malerisch, daß zum Glück für die Durchfallkranken die Fotografen Fotostops verlangen. „Wer macht das GLOBO-Foto?" wird zur stehenden Redewendung. Ich halte mich weitgehend raus, denn ich bin schließlich die Autorin und anderweitig beschäftigt (5 Liter Flüssigkeit wollen durch meinen Körper laufen). Es zeigt sich, daß meine Flüssigkeitspolitik ganz hervorragend funktioniert: ich werde auf der ganzen Reise nicht einmal krank.
Eine berückend schöne Wüstenlandschaft versöhnt uns mit den Stra-

pazen. Die Stimmung steigt wieder. Da erreichten wir Shiquanhe oder Senghekhabab auf tibetisch, von uns allgemein nur Ali genannt, weil wir einem so häßlichen Teil der Erde so einen langen Namen gar nicht zugestehen wollen. Wenn noch einmal ein siebengescheiter Reiseführer diesen Ort wie einen ganz normalen Ort beschreibt und so tut, als könne man von hier aus die interessantesten Ausflüge unternehmen, während man im Hotel der Stadt absteigt, laufe ich wahrscheinlich Amok und Siegi, der in Österreich Lawinenverbauungen macht, auch. Senghekhabab ist das häßlichste Kaff unter der Sonne und damit meine ich, es ist noch häßlicher als Debdeb an der algerisch-libyschen Grenze, da sind wir uns alle einig. Der wunderschöne Blick auf Sanddünen und schroffe Berge kann die Häßlichkeit des Orts nicht mildern. Es gibt ein reizendes Puff direkt gegenüber vom Hotel, in dem sich Funktionäre vergnügen, ich aber nicht mal ein Bier bekomme. Des weiteren ist Senghekhabab ein Goldgräbernest. In manchen Zimmern leben zehn und mehr Männer zwischen Dreckwäsche, Nachttöpfen mit und ohne Inhalt und auf den Boden geschleuderten Rotz, die hoffen auf einem der umliegenden Berge genug Goldstaub zu fördern, um die Hotelrechnung bezahlen zu können. Auf dem Löwen, den die Chinesen vor langen Jahren umgestürzt haben, weil er für die tibetische Freiheit steht, sitzen jeden Abend unzählige junge Männer und warten auf irgendetwas. Darauf, daß das Bier billiger oder die Billardtische gerader werden. Schwer zu sagen. Jedenfalls fahren irgendwann drei oder mehr Männer auf einem Fahrrad davon und stürzen gelegentlich um, wenn sie nicht vorher in eine Bierbude, einen Billardsalon oder eine kleine rotbeleuchtete Bretterbude gefallen sind. An diesem traurigen Ort philosophiere ich über die tibetische Freiheit und ereifere mich über Amerikaner, die ich getroffen habe, die immer „free Tibet" im Mund hatten und eigentlich auch nur meinen, daß überall ein Holiday Inn und ein McDonalds stehen soll. Ich versöhne mich sogar mit Senghekhabab. Lieber diese Hölle, als überall amerikanische Plastikbuddhisten, die Keanu Reaves für Buddha halten und Richard Gere zu ihrem Oberlama machen. Eine beherzte Entscheidung Tenzins und Peters, auch ohne eine fehlende Genehmigung weiter zu fahren,

erlöst uns aus einer psychischen Talfahrt, bei der bereits die ersten Fetzen fliegen. Der Schwertblätterwald der buddhistischen Höllen läßt grüßen. Wir wollen nur noch weg.
Auf der nächsten Paßhöhe rufen Dorje, der Fahrer und Wolfgang wie immer „La So sososo" („this is decoration for good luck" sagt Tenzin), Dorje hängt noch ein kleines Gebet an und dann geht erst mal nichts weiter. Irgendjemand hat eine Panne. Wir warten. Zum ersten Mal auf dieser Reise packe ich mein Doping-Set aus: Walkman mit Cassetten. Ich verliere mich in afrikanischer Musik und tanze, bis mir der Schweiß in Strömen herunterrinnt. Jemand klopft mir auf die Schulter, Peter. Anklagend zeigt er auf den Höhenmesser: 5050 m. Das ist halt meine Art der Kailash-Vorbereitung! Die Fahrer drohen mir mit der Disco in Zhangmu, an der Grenze zu Nepal. Ja, ja, wir werden tanzen, wenn wir dann noch leben!
Wir campieren direkt am Indus und ich werfe mich in die Fluten. Das wunderbar kühle, frische Wasser versöhnt mich mit allem. Nur Peter läßt sich anstecken. Die Tibeter finden schwimmen ohnehin wahnsinnig. Sie haben für uns die seltsamsten Namen, weil sie uns nicht so recht auseinanderhalten können: der Dicke, die weiße Lady, pari, der Biertrinker... Mich nennen sie didi, was ältere Schwester heißt.
Der nächste Tag beschert uns eine der schönsten Landschaften der ganzen Reise. Allerdings habe ich von diesen Canons nirgendwo gelesen, die mächtig aufragen und uns auf sandigen Pisten an kleinen Flüssen entlang in Richtung Tholing zum alten Königreich Guge schieben. Urtümliche Yaks grasen am Flußufer. Bunte Blumen, deren Namen nur Edda kennt, leuchten uns freundlich entgegen. Alle sind versöhnt. Die Stimmung steigt. Wir wundern uns freilich über die kühne Bemerkung in manchen Reiseführern, man könne die Entfernung Senghekhabab-Tholing in einem Tag schaffen. In einem Tag mit wieviel Stunden? Zwölf Stunden sind wir von unserem Camp am Indus bis Tholing gefahren und das war etwa die halbe Strecke. Ebenso seltsam sind auch Angaben über die ideale Reisezeit in diesem Gebiet: von Ende Mai bis Anfang Juni, steht beispielsweise in Everdings Tibet-Führer von Dumont. Das dürfte eng werden.

Weit werden unsere Herzen in Tholing. In einer sandigen Landschaft voller Canons, Sandberge, uralter verfallener Tempel und Dörfer des Königreichs Guge lagern wir am Fuß eines Stausees. Während unsere Fahrer und Tenzin Biertrinken und Billardspielen gehen, um sich von den Strapazen der Fahrt zu erholen, springen Peter und ich ins Wasser. Es ist der köstlichste, schönste See an den ich mich erinnern kann. Ganz hinten, wo er im Schatten die Berge umspült, ist er rot, als wäre all das Blut des mythischen Königreichs Guge hineingeflossen. Ich steige den sandigen Abhang hinauf zu den Tempelruinen von Guge. Trauer und Wut packen mich angesichts der sinnlosen Zerstörung. Standbilder und Wandmalereien sind zerhauen und liegen in Fragmenten zwischen den Ruinen. Überall leuchten farbige Teile von Malereien aus dem Sand. Hier ragt eine Hand heraus, dort ein überlebensgroßer Kopf. Witzig ist wieder, wie die Tibeter mit dieser Zerstörung umgehen: sie legen alle noch erkennbaren Teile von heiligen Bildern und Skulpturen zusammen. Dann umrunden sie diese Ansammlung heiliger Objekte und beopfern sie mit Lehm-Votivgaben, die sie dazulegen. Dinge können zerstört werden, die ursprüngliche Kraft bleibt.

Tenzin hat es geschafft, uns die Besichtigungserlaubnis für Tsaparang zu verschaffen. Dieser alte, noch sehr gut erhaltene Hauptsitz der Guge-Könige mit dem wichtigsten Kloster von Rinchen Zangpo kann nur sehr selten besichtigt werden. Während der Monsun-Zeit sind sowohl Tholing als auch Tsaparang von der Außenwelt abgeschlossen.

Wenn ich einmal in Tibet gelebt habe, dann bestimmt in Tsaparang. Auf dem höchsten Berg steht mein Haus: aus ungebrannten Lehmziegeln gebaut, innen wunderschön mit Tieren, Pflanzen und DämonInnen ausgemalt. Rote Holzsäulen tragen die Decke und außen bewachen geschnitzte Fabeltiere alle vier Ecken. In den Tempeln sind noch wunderschöne alte Malereien und Skulpturen erhalten. Besonders die beiden überlebensgroßen Zornvollen Türhüter Vajrapani und Hayagriva fesseln mich, die die „Kulturrevolution“ fast unbeschadet überstanden haben.

Gelegentlich auf dieser Reise habe ich den Kailash aus den Augen verloren, vielleicht auch verdrängt. Wir haben soviele Strapazen und Schönheiten erlebt, daß das Ziel der Reise immer wieder in den Hintergrund rutschte. Aber jetzt bringt sich der Kailash mächtig in Erinnerung. Durch Sandberge, steinige Pisten und Flußfurten arbeiten wir uns die letzten zwei Tagesetappen in seine Nähe - und plötzlich steht er da. Was, der? Nie! „Den fotografiere ich nicht, das ist nie der Kailash. So sieht der aus!“ sagt Doris und zieht eine Postkarte heraus. „Der linke ist der Kailash“ findet Dorje, der noch nie hier war. Tenzin zerstreut geduldig alle Bedenken: So wie auf der Postkarte sieht er von Süden aus. Wir kommen von Norden.

Vor uns auf der steinigen Ebene stehen Tausende von Steinmännchen. Jeder Tibeter, der den Kailash zum ersten Mal sieht, errichtet eins zu Ehren des Heiligen Weltenbergs Meru oder des Schimmernden Kristalls, wie die Bönpas ihn nennen. Die Fahrer verbeugen sich vor ihrem heiligen Berg und legen sich auf den Boden, um mit der Stirn die Erde zu berühren.

Das erhabene Gefühl, das sich langsam einstellt, wird in Darchen, dem Ausgangspunkt der Kailashumrundung jäh zerstört. „I'm a material girl“ kräht Madonna und ein Hindi-Video liefert Herz und Schmerz dazu. Darchen ist der Beweis, daß das Heiligste und das Verkommenste immer zusammen gehören. Zwischen Müll, zerbrochenen Flaschen und Exkrementen stehen armselige Zelte, Kinder betteln mit Plastiktüten um Essen, eine nackte alte Frau liegt in einem schmutzigen Zelt und verkauft Zigaretten. Überall laufen Ziegen herum und fressen Tüten, Abfälle und Kartons. Das Gästehaus Darchen versetzt einigen aus der Gruppe einen solchen Schock, daß sie drohen, Amok zu laufen, sich beim Veranstalter zu beschweren oder im Freien zu schlafen. Aber mal ehrlich: wo hat es eine Initiation ohne den Abstieg in die Hölle gegeben? Wer geläutert und erleuchtet werden will, muß verlottern und alle Hoffnung fahren lassen. Ich finde Darchen lustig. Ich sitze im tibetisch aufgemachten Unterhaltungszelt, trinke Bier, höre Madonna und erfahre von Birma, daß sie das ganze Jahr über hier ist und froh wäre, wenn mal jemand eine andere Cassette mitbringen würde, weil sie selbst Madonna langsam auch nicht mehr hören kann. Sie und ihre Schwester führen das Gästehaus. Die meisten PilgerInnen kommen im Juni und Juli. Im Winter kommt niemand. Und während der Monsunzeit schneit es oft so heftig, daß eine Umrundung des Kailash unmöglich ist. Wann beginnt denn die Monsunzeit? Na, jetzt, sagt sie. Die Nacht fällt, Madonna singt „Open your heart", Männer reden und lachen. Wir schlafen zu viert in einem Zimmer, das erstaunlicherweise keine Ungeziefer zu bieten hat. Ulla, die Älteste der Gruppe entwickelt Galgenhumor und liegt lachend im Schlafsack. Doris, die nicht mit fremden Menschen schlafen kann, schnarcht leise. Ich schlafe mit dem Kopf am Fußende, vorsichtshalber, wegen der Kopfläuse... Morgen kommt der Augenblick der Wahrheit. Werde ich es schaffen? Nach meiner qualvollen Erfahrung an der Gangesquelle, die ja nur rund 4000m hoch ist, bin ich eher skeptisch. In dieser Nacht träume ich, daß ich am Fuß des Kailashs stehe und plötzlich klappt die verschneite Spitze auf - der Berg ist innen hohl. Am Morgen wache ich von einem tiefen Ton auf. Alles schläft noch. Ich lasse mir das Seitentor aufschließen und laufe barfuß hinaus. Der Kailash leuchtet und immer noch liegt dieser Ton über der Landschaft. Hab ich einen Höhenkoller? Ich lege mich vor dem Kailash auf den Boden und sage: du hast mich gerufen, jetzt zieh' mich auch einmal herum, sonst schaffe ich es nicht!

Die Marschordnung wird festgelegt: vorne geht Mingma, der Sherpa, unser Sonnenschein. Hinter ihm die Gruppe. Als letzte kommen Peter, Tenzin und die Yaks mit dem Gepäck. Ich vergesse die Ordnung, ich vergesse die Gruppe, der Ton vibriert in mir, ich vergesse, daß ich Angst vor der Höhe und vor der Anstrengung hatte. Ich gehe, ich tanze, ich fliege. Durch einen Chörten, eine Art Tor, führt der Weg ins Tal westlich des Kailashs. Wächterberge, braun, hoch, steil, abweisend beobachten jeden Schritt. Pilgerinnen werfen sich mit Knie-, Brust- und Armschonern auf den steinigen Pfad, um die Länge der Umrundung mit ihrem Körper auszumessen. Überall sind Mani-Mauern errichtet. Mögen die Chinesen auch die alten Kraftsteine mit den eingravierten Gebeten zerstört und zum Straßenbau verwendet haben - und Buddha segne sie dafür, daß sie die Pisten befahrbar gemacht haben, sonst wäre ich nicht hier - die Tibeter haben längst neue Steine mit den alten Gebeten versehen, neue Mauern und Steinhaufen errichtet. Ich wandere auf dem Ton, den der Berg von sich gibt. Hier ist das Zentrum der Kraft, geschützt durch Felswächter, begleitet vom „Götterfluß", an dem ich jetzt entlanggehe. Ich singe, ich tanze. Bin ich die letzte? Hinter mir geht ruhig und gleichmäßig Doris. Ich warte auf sie. „Ach woher" sagt sie „wir sind die ersten".

Eine alte Nomadin mit einer kleinen Tochter bewirtet einen Lama und seinen Schüler mit Buttertee und offeriert uns auch einen Becher. Doris gibt ihr ein Bild von Dalai Lama, was zu einer herzzerreißenden kleinen Zeremonie führt, in der sie das Bild betend ans Herz, an den Scheitel und in Richtung Kailash hält. Weiter gehts. Wieder versinke ich in meinem Atemrhythmus, vergesse Zeit und Raum, reise auf diesem seltsamen Ton. Yaks, Ziegen- und Schafherden, Nomaden und Hirten, Zelte. Mühelos fühlt sich der Weg an. Ich werde nicht müde. In mir breitet sich dieses fragende ungewisse Gefühl aus, keine konkrete Frage, ein Erstaunen, eine Verwunderung, und die überwältigende Freude: ich bin hier, am Kailash, ich habs geschafft, überhaupt hierher zu kommen, zwei Wochen anstrengendster Fahrt sind vergessen, egal wie wir zurückkommen. Meinetwegen trifft mich hier der Schlag. Statt dessen treffen Doris und ich auf einen weiteren Nomaden, der uns zu Buttertee einlädt. Umständlich fängt er an, sein Alter zu erklären, ich soll bei ihm bleiben. Noch ein Buttertee. Ich könnte ihm was abkaufen. Ein Steinfeuerzeug? Nein, das braucht er doch nötiger. Wir lachen, trinken mehr Buttertee, er bringt einen Beutel mit Kristallen daher. Mein Herz setzt einen Schlag aus. Den will er mir geben? Es sind 180 Kristalle vom Fuß des Kailash. Salzkristalle, sagt Silvia, kannst dran lecken.

Wie im Traum nehme ich den Beutel an mich, stolpere herum, das Zelt füllt sich, der Nomade wird ärgerlich, ich hocke in seinem Schlafeck, den Beutel ans Herz gepreßt als er anfängt seine Gebetsmühle zu drehen. Aber wie er sie schleudert! In die Bön-Richtung, gegen den Uhrzeigersinn, und wie er jetzt wütend seine Worte auf uns prasseln läßt! Da blitzt und donnert es und gleich darauf fängt es

an zu hageln. Peter vergißt seine Jacke mit allen Pässen und dem Geld im Zelt, was auch nicht mit rechten Dingen zugeht, denn die läßt er wirklich nie liegen! Er muß vom Lagerplatz zurückgehen und sie teuer wieder freikaufen. Mittlerweile gehen Regen- und Hagelschauer über den Zelten nieder und das Gepäck, das schon unterwegs auf den Yaks naß geworden ist, weicht vollends auf. Ich verbringe einen weiteren lustigen Abend mit den Sherpa und den Tibetern im Küchenzelt, wo ich meinen Schlafsack notdürftig über dem Kochfeuer trockne, Bier trinke und Kailash zuproste. In der Jackentasche pulsieren meine 180 Kristalle, von wegen Salz, alles funkelnde Bergkristallspitzen, ach die Welt ist so wundervoll! Mehr Bier hilft mir in den nassen Schlafsack auf das trockene Ziegenfell. Die Übung der tibetischen Mönche, ein eisiges Tuch auf der Haut im Winter zu schmelzen ist nichts gegen die Übung, einen nassen Schlafsack bei Null Grad mit dem Körper zu trocknen...
Der zweite Tag der Umrundung trifft mich bei heiterster Stimmung an. Ab mit dem nassen Zeug in den Sack und hinauf zum Dölma La, zum Paß der tibetischen Schutzgöttin, vorbei an der „Rabengesichtigen" und der „Löwengesichtigen". Übermütig stecke ich eine Rabenfeder hinters Ohr: wer nicht gehen will, muß fliegen. Der Ton liegt wie ein Teppich über der steinigen steilen Landschaft. Bloß nicht hinaufschauen! Ein letzter Blick auf Kailashs Rücken, eisig leuchtet er herunter, ehe er sich mit schwarzen Wolken verhüllt. Der Ton bildet den Rhythmus meines Atems, ich gehe schier schwerelos, passiere wie im Traum andere Pilger, Frauen mit Körben, Träger, Hirten. Stein um Stein steige ich hinauf auf die Schulter des heiligen Bergs, von der ich ihm einflüstern will, was ich suche und brauche.
You're too much strong, höre ich Dorje sagen und sein fehlerhaftes Englisch gewinnt eine neue Bedeutung: du bist zu stark, um mit einer Gruppe solidarisch zu sein. Um mit den Schwächeren zu gehen und ihnen Mut zu machen. Zu stark, um die Gemeinschaft, die Schönheit mit den anderen zu genießen. Aber ich kann nicht anders. Du gehörst mir, sagt Kalashi, wie die Tibeter ihn liebevoll nennen. Und ich bewundere Ulla (59), die trotz körperlicher Schwäche zäh und beharrlich immer weiter geht, begleitet vom treuen Sherpa-

Koch, der ihr bis zum Ende der Reise Köstlichkeiten aus dem Küchenzelt zusteckt.
Plötzlich stehe ich vor einem Geisterfeld. Ich schrecke aus meinen Gedanken hoch: überall kleine Geistwesen mit Mützen, Jacken, Schuhen. Unheimlich. Shiva Tsal, der steinerne Hain, an dem alle TibeterInnen, Bönpas oder Buddhisten, persönliche Kleidungsstücke hinterlassen, um eine gute Reinkarnation zu sichern, liegt vor mir. Ich befestige ein Taschentuch unter einem Stein, in dem Blut, Schweiß und Tränen von mir in die Ewigkeit segeln. Vor dem Dölma La, dem Paß mit den tausenden Gebetsfahnen, Münzen, Fotos und Geldscheinen, am Dölma-Stein angeklebt, überholen mich Mingma und Tenzin leichtfüßig, mit Gepäck behangen, sie lachen und umarmen mich. Wir habens geschafft! Eine Welle von Glück, Tränen, Doris hustet sich hinauf. Dann die anderen. Ich öffne die Glückstüte meiner Mutter, Trockenobst, Nüsse, Haselmark, allerlei Köstlichkeiten. Tee von den Sherpa. Alle strahlen. Ein Gruppenfoto! 5665 m mißt Ilses Höhenmesser und deckt sich mit der tibetischen Satellitenmessung. Geschafft! Von wegen. Wer ganz hoch oben ist, muß ganz tief hinunter. Ein steiniger Abhang tut sich vor uns auf. Der Ton ist weg. Kalashi interessiert sich nicht für unseren Abstieg, er ist nicht zu sehen. Die Heiligkeit löst sich in Erschöpfung auf. Stolper, taumel - ein Bad im Gauri Kund? Köstlich grün liegt er da und hinter ihm noch ein tückisches Gletscherfeld. Jetzt nicht in dieses eisige Rinnsal der Spalte stürzen! Springen, aber wie. Wo ist diese Kraft, die mich getrieben hat? Ich sage mir vor, was ich zu tun habe. Schritt vor Schritt setzen. Durchhalten. Den Fluß durchqueren. Vorsicht auf den glitschigen Steinen! Himmel, wie weit ist es noch? Eine Pilgerin schenkt mir ein Stück getrockneten Yak-Käse, an dem ich herumkaue.
Da kommen plötzlich frisch und munter unsere tibetischen Fahrer daher. Sie machen die Umrundung ohne Gepäck in einem Tag. Sie lachen und winken und plötzlich fühle ich mich wieder leicht. Ich gehe einfach hinter ihnen her und als sie rasten, lasse ich mich auf den Boden fallen, nehme Tsampa und Buttertee an und weiß, hier werde ich übernachten, weil ich nicht mehr weiter kann. Die Yaks

kommen, diese lustigen Tiere, die sich nur mit Pfeifen und Singen einfangen lassen, die es hassen, Gepäck zu tragen, obwohl sie so stark sind und wenn es auf ihrem Rücken festgeschnallt ist, haben sie nichts Eiligeres zu tun, als zum nächsten Felsen zu rennen und zu versuchen, es wieder abzuscheuern. Auf diese Weise haben sie meine Tasche zerfetzt. Die Yaktreiber haben mir in die Tasche ein wunderschönes tibetisches besticktes Kissen gesteckt, damit nichts herausfällt. Sie schenken es mir. Ich helfe, die Zelte aufzustellen und das Gepäck abzuladen, keine Minute zu früh, denn als wir fertig sind, fängt es zu schneien an. Am Morgen ist es ganz still - wir sind auf 5000m Höhe eingeschneit.

Der lange Weg zurück in die Welt beginnt in vielen Schichten nasser Klamotten.

Karaoke in Zhangmu: wir feiern den Abschied von Tibet in der Disco Starlight im Grenzort Zhangmu. Ein Chinese singt zu chinesischer Schlagermusik, auf dem Videoschirm turnt eine schlanke Asiatin. Auf der Tanzfläche schiebt ein chinesischer Offizier einen jungen Mann herum. Tenzin hat sich fein gemacht und fordert mich zum Tanzen auf. Eins zwei drei Stop. Ich könnte mich totlachen. Es wird nie klappen. Bier fließt. Ein junger Tibeter steht auf und singt ein tibetisches Lied ohne Begleitung. Im Strobelight der Disco sehe ich die Szenen unserer Rückreise. - Kojarnath mit seinem Bön-Kloster und seinen ausgestopften Wölfen, Schneeleoparden und Tigern, die von der Decke baumeln, dumpfe Trommeln und Trancegesang. - Ein Lastwagen, der im Fluß steckt und unsere unermüdlichen Fahrer, die ihm helfen. Das brackige Wasser des Manasarovar-Sees, so heilig und so stinkend! - Der indische Sadhu, der halbnackt barfuß von Indien heraufgewandert ist und seit Tagen an der Polizeisperre von Purang gewartet hat, weil er die 5 Yen nicht zahlen konnte, die das Permit kostet. Er hat nichts gesagt, einfach gewartet. Wir haben ihm Geld gegeben, er ist weiter gewandert! - Die drei jungen Pilger, die bei uns mitfahren, wunderschön geschmückt. Bis Amdo, ganz im Norden müssen sie noch fahren! Ihre Pilgerreise ist der wichtigste Schritt ins Erwachsenenleben. - Und schließlich unser letzter Lagerplatz, an einem See, begrenzt von Shisha Pangma und anderen Himalayariesen. Ich sitze mit der roten Wolldecke, die ich einem Hirten abgekauft habe, in der untergehenden Sonne und sauge die Landschaft in mich ein, Nomaden belagern unsere Zelte und bekommen die letzten T-Shirts, Handtücher, Kugelschreiber, Bonbons... Von einem alten Nomaden bekomme ich schließlich sogar noch ein Amulett, ein Mandala mit einem Stein in Leder eingenäht, eigentlich bekommt man so etwas nur von einem Lama. Er spürt, daß ich es zum Überleben brauche!

Der Tibeter hat sein Lied beendet, begeisterter Applaus. - Der letzte Paß, 5000m, kein Problem mehr. Milarepas Höhle, seltsam fad, der Mönch stellt einen Cassettenrecorder mit Tempelmusik an und das Bild des Dalai Lama mit Kopfschmuck ähnelt Imielda Marcos. Schwermütige Abschiedsstimmung. Nyalam, die grüne Hölle, die Hitze, der Abstieg in die Welt. Wir werden unaufhaltsam vom Dach der Welt geschoben. Rechts ein grauenvoller Abgrund. Wie grün hier alles ist. Wie laut. Wie lebendig. Bier, Zigaretten, übermütiger Tanz, laute Musik, die Fahrer feiern mit uns die glückliche Vollendung der Reise. Dann schiebt sich ein Nebel zwischen mich und die Welt. Alles geht weiter, ich fliege nach Hause, ich komme an, erzähle, aber ich bin nicht da. Jede Nacht steht der Kailash in meinem Traum. An seiner Flanke sitzen die Fahrer und die Sherpa und sehen mir zu, wie ich ankomme. Jede Nacht fahre ich durch das wilde Land, bleibe im Fluß stecken, stürze in Schluchten, stolpere über Steinfelder. Wie wars in Tibet? Ich lasse die 180 Kristalle vom Kailash durch meine Finger laufen. Wie komme ich wieder auf den Boden?

Ausflüge ins Universum

In der Galerie in München, wo ich vor einigen Jahren meine Bilder ausstellte, lief zur gleichen Zeit eine „virtual reality performance". Eines Tages setzte ich mir die Haube auf, zog den Handschuh über und stürzte mich in die cyberspace-Welt - und war verblüfft. Die mickrige Phantasie der Computerfreaks konnte nichts weiter als eine Comicversion der unendlich bunten, reichhaltigen, fleischig-sinnlichen Phantasiewelt wiedergeben, die noch dazu von offensichtlichem Mangel an Inspiration geprägt war. Was mir aber so deutlich klar wurde, war die Tatsache, daß die zittrigen Hirne hinter den Silicon-Valleys dieser Welt eigentlich nur dort hin wollen, wo ich schon die ganze Zeit bin: ins Universum.

Das Universum, das ist eine meiner Grunderkenntnisse meiner Kindheit, verliert nichts. Schon in sehr jungen Jahren fiel ich vor dem Einschlafen, wie so viele Kinder, in eine spontane Trance. Ich ließ mich nach hinten fallen, trieb durch die Dunkelheit, von winzigen Lichtpunkten geleitet und wenn mich die Panik erfaßte, stellte ich mir entweder den Rand der Erde mit drei spitzen Häusern oder einen Heuwagen auf der Hauptstraße unseres Dorfes vor, auf dem ich weich und sicher landete. Ich erschreckte meine beste Freundin und meine Schwester eines nachts im Gebirge zu Tode, als ich glaubhaft versicherte, hinter der nächsten Wegkurve käme uns unser Doppel entgegen und wir würden uns auflösen. Wir galoppierten in Panik zurück zur Hütte, wo die Heiterkeit meiner Mutter alle Gefahren verblassen ließ.

Vergessen habe ich diese Ausflüge nie. Sie wurden alle lebendig als ich neulich vor dem Einschlafen eine Art Pochen im Körper wahrnahm, das vorher nicht dagewesen war. Ich habe mir abgewöhnt, in solchen Momenten zu glauben, daß ich wahnsinnig werde. Denn ich habe in vielen erschreckenden Erfahrungen nur eins festgestellt: die Realität ist um so vieles reicher und vielfältiger, als wirs uns in unseren kühnsten Träumen vorstellen können, daß es einfach nicht angebracht ist, den Suppentellerrand schon für das Hausdach zu halten. Jedenfalls ging ich diesem Pochen nach.

Da ist die Dunkelheit, in die ich immer falle, wenn meine gebündelte Konzentration nach innen wächst. Ich spüre noch den Rücken, der auf der Unterlage aufliegt und mich in der irdischen Realität hält, aber schon verschwindet das Gefühl für die äußeren Körpergrenzen und ich dehne mich nach innen aus. Es ist, als ob durch das Überschreiten der Hautgrenze nach innen ein Raum eröffnet wird, der unendlich tief, dunkel, geheimnisvoll ist. Das Fließen der Körperflüssigkeiten ist spürbar, die Enge der Kommunikations-Infrastruktur auch, überall flitzen Botenstoffe, werden Substanzen transportiert, ausgetauscht, arbeiten Organe. Tiefer hinein, dunkler wirds, stiller. Je tiefer ich einsinke in die Enge des Körpers, desto weiter wird der Raum. Plötzlich die schockartige Erkenntnis, den ein Spruch von Novalis schon einmal beschrieb: die Reise ins Universum ist ein Weg nach Innen. Nicht in die Psyche, in die Gefühle, sondern in die Verdichtung, in die kleinste Zelle, in das kleinste Fragment dieser Zelle. Aber wie soll das gehen? Klar geht das, ich lebe doch in diesem Körper, ich kann mich doch mit dem winzigsten Teil genauso spüren, wie mit der Ausdehnung der Haut. Also hinein. Weit, weit ist dieser Raum, der so mikroskopisch klein doch die Grenzen aller engen Strukturen auflöst. Eine Art Echo hüllt mich ein. Klang, Echo, Klang, Echo. Es ist der weit entfernte Herzschlag, die Nabelschnur zum Körper. Ich sinke noch tiefer ein. Wirble durch den Raum, drehe mich und da ist es, das Gefühl meiner Kindheit, ich falle, nach hinten, lasse mich fallen und schwebe. Durch die engste Stelle, das Nadelöhr meiner Körperwahrnehmung bin ich in den weitesten universellen Raum katapultiert worden. Doch diesmal gibt es keine Panik. Mein Raumschiff ist der Körper. Ich fließe mit einem Strom von Wärme in noch tiefere Dunkelheit. Wie ein Körper fühlt sich jetzt der Raum an, der mich zieht. Sind wir winzige Organismen

in einem größeren Körper? Parasiten, die von gutmütigen Lebewesen geduldet werden? Ich lande in einer Art Magnetfeld, fühle mich gehalten, getragen. Wo bin ich? Keine Form, keine Sprache, keine Erklärung gibt mir Halt. Ich bin einfach zu einem Partikel des Universums verdichtet. Ich spüre, hier ist die vollkommene Auflösung und zugleich die allumfassende Möglichkeit neuer Formen. In diesem Raum wird alles erträumt, was sich materialisiert, wächst, stülpt sich durch die Grenzen der Nichtwahrnehmbarkeit nach außen und gelangt ins Sein. Alles, was ich gestalten will, alles was ich rufen will, alles was ich so dringend suche, hat hier seinen Anfang. In diesem Raum, unendlich dicht, unendlich weit, läßt sich alles verbinden und alles lösen. Alles pulst hier. Ich denke, die frühen Kulturen nannten diesen Raum Kali, und Phalden Lhamo, und Dao und Oya. Denn der Raum gleicht einer Mutter, die wachsen läßt, gebiert und wieder zurückholt. Aber er gleicht auch einer ursprünglichen erfinderischen Energie, einer Quelle, die aus einem noch tieferen Raum sprudelt.
Ich steige wieder auf, leicht wie ein Heliumballon. Schlüpfe zwischen den sich ständig wandelnden Grenzen der Zellen hindurch zurück in meinen Körper, den ich jetzt wie eine bewegliche, tanzende Ansammlung von Impulsen wahrnehme, erinnere mich wieder an die alte Raumordnung, rufe mich wieder ins Leben zurück, mit allen Organen, mit Armen und Händen, Beinen und Füßen, die Haut verbindet zumindest in der Phantasie, die ganz von dieser Welt ist, den Körper wieder. Ich dehne mich hinein, weiß jetzt um die Beweglichkeit, um die energetische Wandelbarkeit meines Körpers, lande auf dem Heuwagen auf der Dorfstraße meiner Kindheit und atme mich neu ein.

DER WESTEN IST ROT
Probenbericht vom Schauspielhaus Bochum

1. Tief im Westen wo die Sonne verstaubt, ist es besser, viel besser als man glaubt (Herbert Grönemeyer)

Leander Haußmann, der Heiner Müllers letztes Stück Germania 3 in Bochum uraufführt, ist ein ungewöhnlicher Intendant. Mal hilft er Frank Castorf an der Berliner Volksbühne mit einer Inszenierung aus, mal spielt er den Gefängnisdirektor (in „Männerpension"), mal in einem erotischen Episodenfilm den Liebhaber. Dann wieder trifft er sich für eine Frauenzeitschrift im Münchner Hotel Rafael mit Nastassja Kinski, posiert für die Zeitschrift Vogue, wirbt für die Firma Windsor und tritt bei Ekel Harald Schmidt in der Nachtshow auf. Er ist der Popstar unter Deutschlands seriösen Theaterleuten („Spiegel"). Seine Inszenierungen bewegten und entzückten das Publikum. Obwohl unkonventionell, schockiert Haußmann sein Publikum nicht bis zur Schmerzgrenze, wie etwa Christoph Schlingensief. Seine Theaterabende sind zum Lachen, zum Weinen, aber nie zum Kotzen. Haußmann ist Romantiker. Er glaubt an große Gefühle (Emotion ist alles, steht auf der Rückseite der Theaterzeitung Nr.5). Die Atomkraft-Nein-Danke-Fahne von seinem Vorgänger Steckel holte er ein und hißte statt dessen die Fahne mit dem roten Herz. „Viel Spaß" wünschte er zum Einstand in Bochum dem Publikum. Das ging den Kritikern runter wie Gift. Seit wann soll Theater Spaß machen!
Kein Wunder, daß Heiner Müller Vorurteile gegen ihn hatte - bis sie sich in Princeton trafen, wo Müller Gastvorlesungen hielt.
Am 30. Dezember 1995 starb Heiner Müller. Leander Haußmann tritt jetzt das Erbe an und inszeniert die Welturaufführung von Ger-

mania 3. „Ich hätte gerne eine Aufführung vorher gesehen, um davon für meine eigene Inszenierung zu profitieren. Bei einer Uraufführung, wenn ein Stück noch gar nicht ausprobiert ist, kann man natürlich viele Fehler machen, und die hätte ich gern bei anderen erst analysiert, so wie die anderen das jetzt bei mir tun werden, ich weiß daß der Steckel (inszeniert Germania 3 am Burgtheater) zehn Karten gekauft hat.“ Er lacht. „Wofür braucht der zehn Karten? Das weiß ich doch, daß das ganze Team drinsitzt und dann danach darüber diskutiert, was wir für Scheiße gemacht haben.“

2. *Willkommen in der Hölle (Heiner Müller)*

Am Bahnhof Bochum: ein Mann mit Krücken küßt eine Frau. Eine alte Frau geht vorbei und sagt: laufen kann er nicht, aber küssen. Im Café am Bahnhof, morgens um acht, bedient eine blondgelockte Frau mit Zahnspange und ärgert sich, daß immer Aschenbecher geklaut werden. Sie hat eine Laufmasche. Im Hintergrund läuft irgendein Schlager.

Astrid Thomessen die Dramaturgin, die in Bochum auch schon mal Schauspielerin war, nimmt mich in Empfang, drückt mir Informationsmaterial und Theaterzeitungen in die Hand und zeigt mir die Kantine, Zentrum, Dreh- und Angelpunkt und Herz des Schauspielhauses. „Es hat mich viel Mühe gekostet, hier open end durchzusetzen“ sagt Haußmann über sein Wohnzimmer und bedauert, daß nicht alle SchauspielerInnen bis zum Morgengrauen durchhalten.

Der Tag des Probenbeginns ist der Tag, an dem der Komet Hyakutake am besten zu sehen ist. Aber der Komet, auf den hier alle starren, ist Leander Haußmann.

Der Weg in die Geschichte Deutschlands, in das Stück Germania 3 beginnt bei der Bauprobe mit einem blauen Rechteck aus dem Videoapparat auf der Bühne. Hitlers Stimme, Soldaten, Obersalzberg. Schorty, Steffen Schult, Haußmanns Freund seit den Anfängen seiner Theaterkarriere („Wir haben in Parchim in derselben Liga angefangen und jetzt ist er praktisch mein Boß“, sagt Schorty)

springt im Narrenkostüm als Germania auf die Bühne. Er ist der einzige, der schon weiß was er spielen wird - was er immer spielt. Ausgelassene Freude, als er im Kanonendonner vor Hitlers Bärtchen herumspringt. Leander: Schön, wenn du da so stehst. So blöd.
Schorty spielt unverdrossen Trompete, die DDR Hymne. Ralf Dittrich kommt mit der Quetsche dazu. Deutsche Geschichte als Video, vorspulen, zurückspulen, stehen lassen, mit Musik kommentieren, ironisieren. Hitler wird zum Videoclip, elektronisch zerlegt, entschärft. Die Geschichte digitalisiert ihre Täter.
Arbeitslicht? Kann das mal einer ausmachen? Obwohl, es hat was! Anlassen! ruft Haußmann.
Herantasten an die erste Probe. Kann ich mal die Musik hören, sagt Leander. Läuft, sagt der Ton. Totenstille. Dann müßt ihrs lauter machen, so hör ich nix, sagt Leander freundlich. Nichts passiert. Etwas lauter: So jetzt werd ich langsam nervös.
Unbefangen, direkt, kindlich, spontan ist er. Nichts passiert. Jetzt schreit er: so jetzt werd ich sauer. Der Musik-Mann wird auch sauer und schreit rum. Reg dich nicht auf, sagt Leander, der Beruf ist stressig, für uns alle. Er versucht, die Zigarette in die Luft zu werfen und mit dem Mund aufzufangen, was zweimal mißlingt. Er lacht.
Wenns nicht klappt ists nicht so schlimm, ich will doch nur wissen, obs funktioniert.
Spontan und unbelastet richtet er Bilder ein, wie ein Kind, das eine eigene Welt baut und nie gebrochen wurde. Soldaten marschieren, Ralf spielt dazu - ja, das merken wir uns. Bühne umrüsten zum II. Bild, Panzerschlacht.
Ich brauch jetzt Töne, was habt ihr?
Schnarchen, Ernst Busch, Russische Chöre,
Was ist mit Jimi Hendrix?
Hab ich noch nicht.
Spiel mir mal die Kriegsgeräusche ein. So jetzt will ich das mit der Drehscheibe machen.
Die Drehscheibe und die Musik, Lieblingsspielsachen von Haußmann.
Gib mal noch 'n anderes Liedgut sagt er. Alles lacht, tobt rum, ein

Kindergarten, gut eingespielt. Leander plötzlich wie der Bär in Schneeweißchen und Rosenrot, dem es zu bunt wird: Jetzt wirds zu doll! Sofort wirds ruhig.

Pause. Im Requisitenraum rauchen und reden, Multivitaminsaft und Milchkaffee wird in Mengen getrunken. Plakate vom VfL Bochum und 1860 München, ja Fußball und Theater, das gehört doch irgendwie zusammen... sagt ein Techniker. Ein anderer: Das ist doch alles Schwachsinn, Oper ist das hier... Er steht vor einem wunderschönen kleinen Modellsegelschiff mit drei roten Segeln. Daneben hängt eine Rose von der Schießbude, die irgendwann mal für irgendwen wichtig war.

Auf der Bühne spielen die Techniker mit der Hebebühne, mit der fahrbaren Wand, der Drehscheibe, mit dem Licht.

Weiter gehts: eine Art Kasperltheater fährt hoch. Auf dem oberen Rand sitzt Schorty und läßt die Beine baumeln. Haußmann durchmißt den Bühnenraum, nervös, rauchend. Unter dem Kostüm von Hagen (Matthis Leja, später wirds Manfred Böll spielen) und Kriemhild (Irene Christ) taucht die Uniform der roten Armee auf. Es blies ein Jäger wohl in sein Horn, singt Schorty, alle Strophen, ganz ernsthaft, Ralf spielt die Quetsche dazu. Das Puppentheater fährt wieder runter, Vorne fährt die Bühne hoch und transportiert Hitler und Stalin ans Licht. Hitler (Heiner Stadelmann) grüßt hektisch. Schau dir die Leute an, schreit Haußmann begeistert. Wer nicht zurückgrüßt, den merkst du dir, ja genau so. Alle lachen. Hitler als Kasperletheaterfigur. Köstlich.

Am liebsten wäre mir Stalin als Wirt und Hitler als Kellner! sagt Haußmann. Lachen.

Schorty: soll ich mal ein Freund, ein guter Freund singen?

Haußmann: Du singst einfach den Jäger weiter. Immer das gleiche Lied.

Alle werden langsam groggy. Haußmann nicht. Seine Energie ist scheinbar unerschöpflich. Weiter gehts, Bild VII. Berliner Ensemble, Büro Intendanz, mit den Brecht-Witwen gespielt von Margit Carstensen (Star vieler Faßbinderfilme), Traute Hoess (arbeitete mit Müller am Berliner Ensemble) und Irene Christ.

Habt ihr denn wenigstens ... (verbessert sich) habt ihr den BE-Mitschnitt schon besorgt? Seine hohe Energie, die Schnelligkeit, mit der er entwickelt, verwirft, neu erfindet, überfordert oft die anderen, die einfach Zeit brauchen, um, etwas zu bauen, sich einzustellen und Dinge zu besorgen. Jetzt will ich dieses Lied, sagt er, warum ist es noch nicht da? Was dauert da so lang? Die Zeit, sie läuft, sagt er, langsam verrinnt sie, nichts geschieht, wenn wir einen Film drehen würden, wären wir jetzt schon pleite...
Der Gang zur Kantine würde sich als Illustration für eine Unterweltsfahrt eignen, zwei enge Schläuche, durch schwere Feuertüren getrennt, in jedem Kabuff steht in der Mitte eine sinnlose Säule, mehrere Türen gehen ab, irgendwohin. Man folgt beharrlich dem Hinweis KANTINE. Und landet in einem Holz- und Plüschladen mit vielen, vielen Fotos an der Wand. Rauch. Der obligatorische Rauch, der auch in allen Haußmanninszenierungen irgendwie teilnimmt. Die Kantinenwirtin hat verheulte Augen. Was ist los, fragt die Dramaturgin Astrid teilnahmsvoll. Nichts. Außerhalb des Planeten Schauspielhaus gehen Welten unter, stürzen Himmel ein. Neben der Kantine probt irgendwo eine Band. Ende der Probe, aber nicht Ende der Nacht. In der Kantine gehts weiter. Reden, rauchen, noch mehr rauchen. Bier. Philosophieren. Und plötzlich steht Leander Haußmann verloren da und sagt: mein Leben ist so langweilig.

3. Meine Gedanken sind Wunden in meinem Gehirn. (Heiner Müller)

Morgens, gegen halb elf. Ihr arbeitet ja viel, sage ich. Wir feiern auch viel, sagt Uwe Dag Berlin, der mit Haußmann Regie macht. Er war schon mit ihm auf der Schauspielschule. Zusammen haben sie Vopos provoziert und den kleinen privaten Aufstand probiert. Er lacht satt: Wir feiern jeden Tag, den wir überleben. Margit Carstensen hat Sorgen mit ihrem Hund, ein schwarzer Mops namens Toto. „Er will nicht allein bleiben," sagt sie unglücklich, „aber er will auch nicht ins Theater mitkommen" (gesunder Instinkt, sagt jemand. Toto, Lotto jemand anderes) Toto braucht einen Babysitter, wenn sie auf die

Bühne geht. Alle trinken Kaffee und rauchen. In zehn Minuten soll die Probe anfangen.
In dem Stück ist ja eine ziemliche Spannweite drin, von Thälmann und Ulbricht bis Shakespeare in die Zukunft. Ich weiß nicht, was das jetzt bringt, wen das in Bochum interessiert, Thälmann und Ulbricht, grübelt Matthias Leja.
Aber Bochum war doch n Top-Gau von Hitler, mit all dem Stahl und der Kohle, das paßt doch, das Stück haut doch hier rein wie ein Hammer, überlegt Schorty.
11 Uhr, warten auf Leander. Was isn jetzt mit der Zeit, hä? spöttelt einer. Auf dem Sofa auf der Bühne sitzt Franz, der Inspizient mit seinen Assistenten. Ein Baum steht da. Einer sitzt auf dem Ast. Alle warten. Zeit ist Geld? Naja. Haußmann kommt. Was is los, sagt er, ich hab gesagt leere Bühne. Gerappel und Geräume.
Wollen wir nicht ein bißchen Musik machen. Gelächter. Ooch ja, warum nicht, wär mal was anderes. Leg doch mal die CD auf, wo Walter Ulbricht sagt, der mit dem YeahYeah soll weggehen.
In das allgemeine Gewieher tönt Ulbrichts Stimme: „niemand im Staat hat etwas gegen gepflegte Beatmusik" ..... Lachen, Juchzen „... die die Deutsche Demokratische Republik von innen aufweichen wollen." Das Chaos bricht aus, wildes Vergnügen. Dazu Rockmusik. Wir lachen da anders drüber, weil wirs dreißig Jahre mitgemacht haben, sagt er leise, eindringlich.
Für uns war das so keine Realität im Westen, sagt Matthias störrisch.
Haußmann beschreibt die Arbeitsatmosphäre bei Heiner Müller:
Das war todernst, hohe Kultur, da wurde Callas gespielt und so.
Und schon ist wieder Schluß mit der Ernsthaftigkeit. Er springt behende von der Bühne: können wir die Szene nochmal lesen?
Margits Hund wird unruhig. Margit: Was hat er denn nur?
Haußmann: Damit muß er fertigwerden, da muß er durch, er ist ein Schauspielerkind. Davon weiß er was, das war er selbst. Der obligatorische Whisky bei Müller-Besprechungen kommt auf den Tisch. Es wird gelesen. Haußmann schreit: Nichts machen. Nicht Kunst machen. Nicht lustig sein wollen.
Es gibt keine Hauptrollen. Alle sind wichtig. Wie eine schaut, wie

einer sich räuspert, der keinen Text hat, ist so wichtig wie der Text, den einer sagt, die Geste, die eine macht.
Den Stalintext läßt Haußmann von Gennadi Vengerov (früher in Moskau am Theater) jetzt auf russisch sagen und Traute „übersetzt", das heißt, sie liest den deutschen Text.
Gennadi verwandelt sich in Stalin. Das ist Haußmann noch zu gemütlich: Das muß lauter kommen, das ist ja im Prinzip der irre gewordene Stalin, der da redet, das will ich sehen! Dann: was ist denn da hinten (hinter dem Vorhang) für ein Lärm. Steht da etwa noch der Baum? Ich hab gesagt leere Bühne.
Gennadi als Stalin versucht, wahnsinnig zu werden. Haußmann wird wahnsinnig.
Was ist da los? Schau doch mal. Haußmann rennt hinter die Bühne. Heiner Stadelmann steht auf. Traute: Heiner bleib, sonst dauerts noch länger. Aber er ist schon weg. Rappeln, Lärmen.
Haußmann setzt sich wieder in den Zuschauerraum. Eine neue Zigarette, die Hand streicht das Haar aus dem Gesicht. Seine Hände: feingliedrig, schlank, lange Finger, die Hände eines asiatischen Tänzers. Mit ihnen ruft, lockt, bannt er, gestikuliert, nagelt er fest, hebts wieder auf.
Gennadi fängt an. Leere Bühne. Da steht ein Stuhl, (der Stuhl ist dein Feind, vor dem weichst du zurück, schreit Haußmann) Spannung, Beklemmung.
Stalin (Gennadi) Wer bin ich. Tot ist tot. Ich mein Gefängnis, in dem ich eingesperrt bin lebenslang. Und wer kann Stalin töten außer Stalin.
Wenn du singst, sei verzweifelt. Der ist traurig, der muß uns leid tun... (zur Technik) Haben wir jetzt die „Träumerei"? Nein. Wenn doch mal einer hier mitdenken würde, Zuschauer brauch ich nich, die hab ich zur Premiere... Ich hab doch ne Liste gemacht..
Astrid, die Dramaturgin sagt, sie hat eine Musikbesprechung angesetzt.
Nein, schreit er ungehalten, ich brauch keine Musikbesprechung. Nur die Sachen auf der Liste,mehr will ich doch gar nicht, ich kann es nicht diskutieren, ich kanns mir nicht vorstellen. Ich muß es

hören, nur dann weiß ich, obs geht oder obs weg kann.
Gennadi spielt sich in Eifer. Was er sagt klingt russisch.
Haußmann: Was hast du gesagt?
Gennadi wiederholt.
Haußmann verzweifelt: Habs immer noch nicht verstanden, habt ihr das verstanden?
Gennadi(sehr deutlich) Koba, warum brauchst du meinen Tod?
Haußmann: Wer ist Koba, Dramaturgie?!
Gennadi: Koba ist Spitzname von Stalin.
Weiter. Gennadi nimmt sich die Bühne, redet, wird zu Stalin.
Der letzte Sieger ist der Tod!
Haußmann: Zeig auf dich. Sag TOD ein einfaches Wort, Tod. Sag es deutlich.
Das Wort TOD knallt aus seinem Jungengesicht. Und „TOD“ knallt es aus Gennadis Gesicht zurück.
Haußmann entspannt sich, das war gut. Er ist souverän, auch wenn ihm was nicht passt. Er erregt sich, schreit rum, beruhigt sich sofort, lacht, wiegelt wieder ab. So will ichs. Ja, das ist gut. Nee, das ist scheiße. Probier mal das. Ja, besser. Mach doch mal so, jaaa, genau, das is gut.
Zehn Minuten Pause.
Leander durchmißt den Raum, nervös, rauchend.
Alle trollen sich. In der Kantine gibt es srilankischen Cayennepfeffer mit etwas Lammfleisch dazu. Ich trinke einen halben Liter Multivitaminsaft und habe damit in zwei Tagen zweieinhalb Liter eingefahren.

4. Ger-Money: Faschismus, Krieg und Spekulanten im Legoland

Du bist schon wieder da, sagt Schorty bestürzt, und wir sind noch gar nicht weitergekommen!
Die Proben sind jetzt im Malersaal, wo die Sonne hinter dickem schwarzen Molton an den Fenstern verstaubt.
Gumpi die Sekretärin und Monika Seeckts, die persönliche Referen-

tin Haußmanns, die er aus dem Münchner Residenztheater geholt hat, mit der seine Intendanz steht und fällt, weil sie alles, aber auch alles organisiert, werden mitten im Streß ihrer Arbeit gefragt, ob sie das Baby eines Mitarbeiters hüten würden. Dauernd klingelt das Telefon, dauernd kommt jemand rein und will was oder alles gleichzeitig. Monika, die tatsächlich in einem Ort namens Holzhäusln an der tschechisch-österreichischen Grenze aufgewachsen ist und schon bei Rene Kollo das Büro organisierte, hat Heuschnupfen und macht „nie gravierende Fehler".

Morgens beim Kaffee in der Kantine spreche ich mit Astrid. Heiner Müller war überzeugt, daß wir in einer neuen Vorkriegszeit leben, sagt sie, daß aus Narben Wunden werden müssen. Sie spricht darüber, daß Haußmann todernste Impulse spielerisch aufgreift, zum Beispiel die Wiederkehr der Gespenster. Nichts wird zu bedeutsam, sondern er gestaltet es theatralisch-spielerisch. Figuren werden zu Mythen, zu Comicfiguren. Dokumentarisch ist ja die Geschichte erfaßt, analysiert und ernsthaft bearbeitet. Ich finde, Haußmann entwirft etwas, was nur aus der Vereinigung Deutschlands wachsen konnte, die dialektische Sit-Com-Form, das mythische Spiel und die Verfremdung. Astrid ist erleichtert, daß es bei ihm keine großen Antworten gibt. Aber die Kritiker finden das oft zu oberflächlich.

Haußmann kommt um elf, bestellt sich Spiegelei und ißt es. Alle kommentieren: Sieht aus wie 'n Kunstei, 'n Requisitenei. Lachen. Leander ißt tapfer weiter. Wenn er auch in der Arbeit manchmal autoritär ist, bleibt er immer der Kumpel der Schauspieler. Die Ratlosigkeit, wann man wie korrekt sein sollte ist groß, denn eigentlich ist er locker, aber dann wird er zwischendurch sehr eng und sauer. Die meisten verhalten sich zu ihm wie zu einer kleinen Sprengladung, von der man nie weiß, wann sie hochgeht.

Heitere Stimmung. Paff, qualm. Uwe Dag klimpert auf der Gitarre, Leander macht Kanonendonner auf dem Schlagzeug. Wie Kinder spielen sie. Konzentration bei der Technik. Ralf kommt zu spät. Iss nicht seine Zeit morgens, sagt Leander gut gelaunt. Traute spielt auf der Gitarre und singt: kumm bei der Nacht, kumm bei der Nacht.

Kreatives Chaos. Sie freut sich: he, jetzt hab ich zum ersten mal mit einem richtigen Musiker (Lemmy) gespielt. Leander: ihr seid wie ne schwer erziehbare Schulklasse.
Lemmy (Paul Lemp, der Musiker) probiert am Synthesizer. Das ist die Gerechtigkeit der Geschichte. Hitler wird zur Klamotte. .
Heiner Stadelmann, im Bild IV als Hitler verkleidet, lockt den Schäferhund. Er: ich brauch nen Schäferhund. Leander: nimm doch Toto, den blasen wir auf (Hund von Margit). Lachen. Er lockt den imaginären Hund, schreit ihn an, schießt ihn nieder, die drei Frauen recken die Hände zu „Heil Hitler", schlagen ihn fast um. Kann man Hitler endgültiger abservieren? Ein Lied wird eingespielt: Gott sei mit unserem Führer, Gott segne seine Hand, Gott schütze unser Deutschland, mein geliebtes Vaterland. Freiheit ist unsere Sehnsucht, Freiheit ist uns geborn, wir wollen keine Knechtschaft, lieber gehn wir in den Tod. Frösteln.
Die Probe zieht sich hin, ich bin genervt - oder habe ich einfach keine Geduld mehr? Draußen scheint die Sonne, die ersten warmen Tage und alle sind in diesem muffigen Malersaal eingesperrt bei Finsternis und Kunstlicht. Irgendwie erinnert mich das hier alles an modernen Strafvollzug. Leander und Uwe Dag kommen mir albern und pubertär vor. Heiner Müller nervt mich mit seiner düsteren Vision von Deutschland, mit seiner Überzeugung, daß keine Revolution stattgefunden hat und deshalb ein dritter Weltkrieg vor der Tür steht, von dem er überzeugt ist, daß er durch die Rechtsradikalen in ausländerfeindlichen Aktionen begonnen wird. Die vielen Frauen nerven mich, die die Kriegsphilosophien und das ganze eitle Gehampel von Männer unterstützen bis über den Tod hinaus. Aber Haußmann zelebriert diese Art Gewalt nicht, er macht sie zur Seifenoper, zum Happening, zerlegt sie, pulverisiert sie und setzt sie neu zusammen. Ich bin müde.
Vor der Abendprobe treffe ich Traute Hoess in der Kantine. Sie redet mit Heiner Stadelmann bayrisch, ich frage nach. Beide kommen aus Bayern. Traute ist in Pähl am Starnberger See aufgewachsen, Polizistentochter, die Mutter hat die Gefangenen mit ein-Zimmer-Gefängnis bekocht. Das war hart,sagt sie, da war einer, der hat periodisch

immer wieder seine ganze Familie zusammengeschlagen. Eine Woche war er im Gefängnis, bekocht von meiner Mutter, dann mußten sie ihn wieder laufen lassen. Tja, so schön gehts auch wieder nicht zu auf dem Land, sagt Traute. Sie hat mit dem Pfarrer ihre Rollen einstudiert (er leitete die Laienspielgruppe, bei der sie mitspielte), mit denen sie sich in der Falkenbergschule in München bewarb. Zuletzt war sie am Berliner Ensemble, der heiligen Kultschmiede von Brecht und Heiner Müller.

Gottfried, der Assistent, kommt, ist ratlos, weil noch einige fehlen. Sollen wir jetzt um sieben oben (Malersaal) sein oder unten (Kantine) oder wie ist das? Er zögert, unten ist schon okay - glaub ich. Traute: man weiß nie wann man strebern muß und wanns nicht so gut kommt.

In der Fußgängerzone holen sich die Leute ihren ersten Sonnenbrand, in Düsseldorf wird der ausgebrannte Flughafen untersucht, Tschernobyl jährt sich zehn Jahre, sieben junge Leute sind am Wochenende in ihren Autos verbrannt. Hier existiert nur Theater, das Spiel mit dem Leben und mit dem Tod.

Germania 1996, ja, manisch: Forcierte Heiterkeit. 11 % Arbeitslose, neue Armut, Terror von Rechts, Germoney, noch nie waren die Gewinne so hoch, die Aktien steigen. Gegen die Lebenslüge des Kommunismus, sagt Heiner als Hitler, Keiner oder alle, die einfache und volkstümliche Wahrheit: Für alle reicht es nicht. Heiner sagt das nicht im üblichen Kabarettisten-Hitler-Geschrei, sondern leise, fast beiläufig, dadurch entwickelt er Bedrohlichkeit. Der ewige Sand am Boden knirscht, monotone Musik. 21.45 Uhr. Monika, die Referentin trägt jetzt langsam ihren Heuschnupfen nach Hause, Heiner Müller fängt langsam an zu verfaulen, die drei Witwen machen sich im Bild V auf den von ihm verordneten Weg zur Schlachtbank. Ist das nicht ein bißchen wie die Supernova vor Jahren, die wir erst 200 000 Jahre nach ihrem wirklichen Verglühen verglühen sahen? Heiner Müllers Stück glüht auf, während er zerfällt. Illusion und Realität zugleich. In all dem Chaos, den Spielversuchen, der dröhnenden Musik, dem Kanonendonner, dem knirschenden Sand, der leisen, höhnischen, traurigen, schrillen Stimme von Schorty, der

arroganten Preussenwitwenstimme von Margit, dem sinnlichen Spiel von Traute, der Zerbrechlichkeit von Irene sitzt Beate, die Soufflöse, aufrecht, makellos gekleidet und frisiert, konzentriert, immer voll da. Sie sitzt schon da wenn alle kommen und geht wenn alle gehen, macht sich Bleistiftnotizen, radiert sie wieder aus, wenn alles okay ist, raucht ab und zu eine, folgt dem Text, spricht mit warmer, klarer Stimme den richtigen Text, beschwörend, damit er sich einprägt, um den falschen Text durch die Präsenz ihrer Stimme auszulöschen. Danach ein ermunterndes, sanftes Ja wenns stimmt. Alle gehen irgendwann zur Toilette. Wann geht sie?
Wo die drei Frauen am Tisch saßen, sitzen jetzt, wie eine Überblendung im Film, drei Männer in SS-Uniform, die Gespenster der Männer der Witwen. Die Szene hat Traumqualität, Leander läßt die Realitäten ineinanderfließen, da waren die Frauen, jetzt kommen die Toten, jetzt kommen die Lebenden, die Spekulanten aus der neuen Zeit. Zwischen den Toten messen sie den Raum aus, maßen sich den Besitz an. Gier, Arroganz, Wende-Wessis.
Das gehört also uns, sagt Magne, Rückgabe vor Entschädigung.
Deutsche Sprache, schwere Sprache, schreit Haußmann, R ü c k g a b e v o r E n t s c h ä d i g u n g! Das will ich hören.
Schlafwandlerische Balance Haußmanns zwischen wilder gefährlicher Action (das Beil! Hau es in den Tisch! - er probierts, es geht nicht. Wir brauchen einen anderen Tisch!) und besorgten Anweisungen, wie sich die SchauspielerInnen schützen sollen. Das Kind, der Regisseur, der Intendant - kein Widerspruch.
Slow motion am Ende der Szene, was morgens knallte, wird jetzt poetisch. Herausgefiltertes Konzentrat von Faschismus, Schuld, Liebe, Tod und monotoner Musik. 3 sitzen am Tisch, ein Stuhl ist leer. Da sitzt Heiner Müller. Gespenster am toten Mann. Die Geister der Toten gehen zwischen den Lebenden. Und dann tritt Irene auf, frech, forsch: Das soll euer Schloß sein. Igitt. Sand knirscht. Ja, das war gut! Weiter!
Die deutsche Geschichte ist aufgeschrieben, bearbeitet, analysiert worden, sie wurde durch Gerichtssäle und Zeitungen getrieben. Hier wird sie in die Luft geworfen, zerstreut und fragmentarisch wieder

eingefangen. Eine Exekution hier, eine Stalinrede da, hier ein neurotischer Hitler, dort ein grausamer russischer Soldat. Hier ein irre gewordener KZ-Häftling, dort eine unbelehrbare Nazifrau. Es tut nicht mehr weh. Schaut her, es ist vorbei, wir spielen nur damit, sagt Haußmann. Fürchtet euch nicht. Und bringt alle zum Lachen, wo sich die Haare sträuben. Viel Spaß! Er nimmt dem deutschen Fluch den Schrecken und spielt durch, daß er vielleicht gar nicht auf uns liegt.

So ein Tag, so wunderschön wie heute, singt Schorty wie nur er singen kann.

Gib mir ne Schallplatte. Leander klickt den Wunsch an, sein Musikspeicher produziert „Hiddensee“, laut, schrill, DDR-Romantik. In die Musik eiert eine echte Polizeisirene jenseits von Zeit und Raum in einem Ort namens Bochum.

Wo keine Vergangenheit ist, da ist auch keine Zukunft, sagt Heiner Müller. Sein Dreh- und Angelpunkt ist Stalingrad, aber die neue Generation weiß ja schon nicht mehr wo Stalingrad überhaupt ist.

Die Frage ist doch, sagt Haußmann später im Gespräch: wäre ich Faschist gewesen? Hätte ich mitgemacht? Natürlich sagen alle, ich doch nicht. Aber ob das wirklich stimmt? In einer Rauchpause sagt Astrid: Müller versucht mit seinem Stück (unspielbar? Müllers Rache?) eine Skelettierung des 20. Jahrhunderts. Er beschreibt die Katastrophe in zyklischer Permanenz. Nur Gespenster können laut Heiner Müller unsere Zeit beleben. „Nieder mit dem Glück der Unterwerfung. Es lebe der Haß, die Verachtung, der Aufstand, der Tod.“ sagte Heiner Müller, ehe er starb.

Weiter mit Bild V, Der Gastarbeiter.

Der kroatische Soldat, Matthias, soll den „Liebesdienst“ an den Frauen vollbringen und sie umbringen, damit sie nicht von russischen Soldaten vergewaltigt werden.

Traute (zu Irene, der Jüngsten): Du würdest wohl lieber mit ihm schlafen, wie?

Leander: Sags gemein. Weiber vertragen sich nicht mal, wenns ans Sterben geht.

Leander spielt mit dem Beil, der Sand knirscht unter allen Schuhen,

staubt vom Tisch, Traute flüstert beschwörend vor sich hin. Matthias steht vor Irene, halbnackt, sehr attraktiv.
Leander: verlieb dich! Und gestikuliert mit seinen unwahrscheinlich langen schlanken Händen, als verliebe man sich mit den Händen.
Das Spiel mit den Todesarten wird auf den Proben zum makabren Spaß, aber es ist immer auch das Durchleben der eigenen Ängste. Die Männer hantieren fasziniert mit Pistolen, die sehr echt aussehen.
Schorty spricht den Text der 2. Epiphanie: Schlafzimmer mit Doppelbett. Ein russischer Soldat vergewaltigt eine deutsche Frau. Auftritt ein Mann in der gestreiften Uniform des Konzentrationslagers mit dem roten Winkel des politischen Häftlings. Der sieht eine Weile zu, dann erschlägt er den Soldaten. Die Frau wirft den Toten ab...
Leander unterbricht: Schorty, das ist zu ernst, zu eng, zu dicht.
Schorty: ich wollts nicht zu dicke machen, ich dachte das wäre schon wieder falsch.
Leander: Es ist wie mit dem ganzen Stück, es ist in jedem Fall falsch.
Ein verlorener Haufen Kinder zerfällt im Malersaal in Atome und wird durch magnetische Kraft wieder zusammengezogen. Monotone Klangattacken von Lemmys elektronischer Anlage. Sie lassen dich in den Text hineinsinken, hauen dir die Emotionen um die Ohren und werfen dich wieder in die Realität.
Der KZ-Häftling von Magne Hovard Brekke, dem Norweger, gespielt, beobachtet die Vergewaltigung seiner Frau durch einen russischen Soldaten (Gennadi). Magne steigert sich in Aggression.
Leander: Irene. Was ist mit dir? Wimmern!
zu Magne: Du bist ein Mensch, der seine Menschlichkeit verloren hat. Spielt vor. Gefährlich,aber kontrolliert. Dann geht er zu Schorty und der Spieltrieb überkommt ihn, er geht Schorty an den ausgestopften Busen. Die Weggefährten aus Parchim kichern.
Leander: So, jetzt singen wir die Internationale. Und macht den kommunistischen Gruß. Magne: Wie gehtn der? Uwe Dag springt auf: Rotfront. Ballt die Faust nach oben und schaut ihr nachdenklich hinterher. Die Internationale erkämpft das Menschenrecht. Hohn tropft aus der Musik. Blut tropft aus Magnes Haar, er liegt mitten im Theaterblut. Licht aus.

Leander Haußmann spielt am deutschen Theaterapparat, an der deutschen Geschichte, wie an einem Flipper. Volltreffer! Das Publikum jubelt. Zu stark gerüttelt: beleidigtes TILT von der Kritik. Bei Haußmann reimt sich Herz auf Schmerz und nicht so sehr auf Kommerz. Aber Germania 3 ist ein deutscher Herz-Infarkt.

5. Dead man walking.

Im Zuschauerraum laufen Kabel über die Sitze, in der achten Reihe steht das Regiepult. Angespannte Stimmung, der erste Durchlauf auf der Bühne. Der Assi trägt auf beiden Händen den heiligen Gral, den obligatorischen Aschenbecher zum Pult. Haußmann springt auf die Bühne und breitet die Arme aus: Voilà! Dann haut er die Axt in den Bühnenboden, die stecken bleibt. Ha!

Wer ist die Frau dahinten, fragt er. Jemand murmelt: eine Schauspielerin, die zuschauen... Er brüllt los: So geht das nicht, die kann doch nicht einfach hier hereinkommen, das ist keine öffentliche Probe, naja, ist ja egal, dann ist es halt ne öffentliche Probe, können wir? Was ist denn mit dem Schild? (eine Leuchtschrift: Berliner Ensemble, für die Szene VII, Maßnahme). Franz! Das muß weg. (Zigarette) Das geht nicht so einfach jetzt. Naja, dann bleibts halt. Mit derselben rastlosen Intensität wie am ersten Probentag schaut er konzentriert zu, brüllt, rennt auf die Bühne, spielt was vor, rennt wieder zurück auf seinen Platz, durchmiß den Bühnenraum, setzt sich wieder, jedes Geräusch, jedes Gespräch nimmt er wahr, läßt sich irritieren und verwirft seinen Protest mit kindlichem Grinsen und Versöhnlichkeit. Alle Spielsachen sind aus der Inszenierung verschwunden, keine Drehscheibe, kein Kasperltheater, keine fahrbaren Wände, nur noch die nackte Bühne, ein paar Requisiten, drei Schauspielerinnen und acht Schauspieler. Das Wunderkind Haußmann wird erwachsen.

Als Brechtwitwen mit langen Bärten auf dem Plüschsofa sitzend legen Margit, Traute und Irene eine hinreißende Persiflage auf Isot Kilian, Elisabeth Hauptmann und Helene Weigel hin.

Kurze Pause. Haußmann sammelt alle auf der Bühne und steckt mit ihnen die Köpfe zusammen wie beim Rugby. In der Kantine wird intensiv weitergeredet, Haußmann löffelt seine Suppe wie ein hungriges Kind, während er erklärt. Dann springt er auf spielt Matthias einen Gang vor. Traute mit kurzen Haaren („solche hatte ich früher") in der Verkleidung einer Brechtwitwe klagt über Schmerzen in den Beinen. Haußmann trägt seinen Teller zur Küchenausgabe, scherzt darüber, daß auch er, der Direktor, da keine Ausnahme macht. Tatsächlich sieht er überhaupt nicht aus wie der Direktor dieses Theaters. Astrid organisiert in Sweatshirt, weiter Hose, dem obligatorischen Bleistift, einem Notizheft und dem Stück in der Hand. Menschen steuern Monika, die Referentin an, jetzt nicht! ruft sie schon von weitem. Jetzt nicht, sagt Haußmann, als jemand eine Frage stellen will. Jetzt nicht, sagt Bernd, der Oberbeleuchter. Drei Tage vor der Premiere wird die Zeit knapp. Alle SchauspielerInnen sitzen in der Kantine dicht gedrängt an einem Tisch wie in einem Rettungsboot, ganz allein sitzt Gennadi/Stalin mit düsterem Gesicht. Er ist nicht zufrieden. Haußmann diskutiert leise seine Rolle mit ihm, Uwe Dag arbeitet nach, spielt vor. In Bochum wird gemüllert, was das Zeug hält. Auf der Kammerspielbühne hat Prometheus einen Tag nach Germania 3 Premiere.

Die spärliche Beleuchtung auf der Bühne unterstreicht die düstere Geschichte Deutschlands. Alle Verspieltheit ist aus der mythischen Szene mit Kriemhild und Hagen genommen. Ernst stehen sich die beiden am Rand der Bühne gegenüber. Dramatisch spielt Gennadi den verrücktgewordenen Stalin. „Das Massengrab geht mit der Zukunft schwanger..... ich backe sie aus ihrem eigenen Blut. Wer sind die Deutschen? Ein Haufen Kleinvieh am Westrand von Asien." Der Tod nimmt hier ausnahmsweise Regieanweisungen an und sät Blut aus einem Eimer (Heiner). Der Winter kommt mit einem Gebläse und Papierschnipseln. Gennadi, das versteh ich nicht, ruft Haußmann, wieso können die anderen das und du nicht (verschiedene Schauspieler müssen die Schnipsel vor das Gebläse halten, es braucht einen gewissen Rhythmus, damit es wie Schnee aussieht, Matthias hat ihn drauf).

Keine schräge Wand fährt jetzt über die Bühne, keine Ballspiele, kein

Tänzeln und Kaspern. Sterne die aufglühten und vergingen, ohne daß jemand sie sah. Die Inszenierung ist wie ein Bild, das immer wieder übermalt wird, Spuren der früheren Proben sind hier und da noch sichtbar, glimmen auf, ehe sie endgültig verworfen werden.
Stalingrad. Der Traum der verhungernden deutschen Soldaten: ein gedeckter Tisch und der Tod schenkt ein. Kerze um Kerze wird gelöscht - ein Soldat nach dem anderen aus der Kompanie stirbt, zum Schluß die beiden am Tisch.
Habt ihr schön gemacht, lobt Haußmann nach der besonders ergreifenden Szene „Es blies ein Jäger wohl in sein Horn". Und dann: schnell schnell, weiter. Alle scharren die Requisiten auf der Bühne zusammen. Sand soll von oben fallen, fällt nicht. Infernalischer Lärm von Lemmys elektronischem Musikspielzeug. Wutanfall von Haußmann. Franz, der Inspizient sagt traurig: mich versteht keiner! Und meint, daß es zu laut ist.
Die Proben haben Frechheiten und spontane Albernheiten aus dem Stück herausgehämmert. Der lustvolle Übermut des Beginns duckt sich unter der Kulturleistung auf die die Welt starren wird. In zwei Tagen ist Premiere!
In der Stückkritik am Abend mahnt Haußmann leise und eindringlich, die Hindernisse durch technische Probleme nicht in den Stückrhythmus einfließen zu lassen. Wie ein Fußballtrainer geht er auf jedes Problem der elf SchauspielerInnen (elf Freunde müßt ihr sein!) ein: Wenn man ein Wort nicht versteht, geht der Zusammenhang verloren! Er hört zu, springt auf, spielt, beschwört. Kaum zu glauben, wenn man ihn spielen sieht, daß er sich bei den Dreharbeiten zu „Männerpension" nach eigener Aussage „eingeschissen hat vor Angst".
Ich sitze im Zuschauerraum und warte vor dem geschlossenen Vorhang, der ist fleckig und schäbig. Ich sehe einen Reiher und auf der anderen Seite einen in der Luft schwebenden Embryo, von der Zeit in den roten Plüsch eingebrannt. Ralf spielt dahinter auf der Quetsche die Internationale, begleitet meine Gedanken, dann die DDR Hymne, ein paar ironische Stimmen, Mackie Messer, Traute Hoeß singt mit ihrer kräftigen, tiefen Stimme mit. Lili Marleen, jetzt

singen viele. Der Vorhang regt sich nicht. Dann Leanders Stimme: Belehrung! Wer ab jetzt hier in diese Richtung geht und in dieses Loch fällt, ist selbst schuld. Ich zahle nichts. Ich habs euch gesagt. Das war eine Belehrung. Habt ihrs alle gehört. Da ist ein Loch. Ich falle auch gleich in eins. 12 Stunden Probe, mir wird schon vom Zuschauen schwindlig.
Es ist immer wieder ein aufregendes Gefühl, wenn sich der Vorhang öffnet! Die MASSNAHME wird nochmal probiert, die kleine Akkupunktursession des BE, ironische Kolportagen des dortigen Arbeitsstils. Schorty der Narr, grüßt Wudtke und wünscht, „zur eigentlichen Uraufführung am Berliner Ensemble toi, toi, toi. Der Text ist zwar nicht von Heiner Müller, aber - Heiner hätte es geliebt". Wieherndes Gelächter.
Jetzt sind die Schauspieler zusammengewachsen, virtuos wird das Berliner Ensemble samt Brechtwitwen in den Kulturmixer gesteckt, fulminant wird in der PARTY-Szene die posthume Notschlachtung der DDR vollzogen, die sächsische Rede von Thorsten Ranft hilft die unvereinbaren Unterschiede zwischen Ost und West verstehen, zeigt aber auch die Einigkeit in der vereinsmeierischen deutschen Spießigkeit, die gern in entfesselte Klemmie-Sexualität entgleist. Thorsten ist in seinem Element! Alle elf sitzen auf dem Sofa, rücken sich in der Enge zurecht, kalauern und witzeln. Traute wird beim Aufstehen versehentlich gestoßen und knallt mit dem Gesicht auf den Tisch. Ohne sich davon irritieren zu lassen, baut sie den Schmerz und die Wut in ihren Text ein.
Dunkel Genossen sehr dunkel ist der Weltraum, sagt Schorty, als „Rosa Riese", Massenmörder von Brandenburg in der letzten Szene. Tja! sagen die anderen und wollen, wie verabredet nach vorne zum Bühnenrand gehen, stolpern über die Puppen, die da als Leichen liegen.
Wenn du natürlich vergißt, die Leichen von der Bühne zu zerren... schreit Haußmann.

Zwei Tage vor der Premiere veranstaltet Schorty eine Ost-Rock-Nacht im Zad-Eck, mit Original-Vopo-Ausweiskontrolle - „mein süßer kleiner Vopo“ singt Nina Hagen. Wehmütige Erinnerungen an die Kindheit im sozialistischen Osten steigen im Bierdunst auf. Schorty rotiert, legt Platten auf, macht Ansagen. Gestern hat er bis sechs Uhr morgens Platten zusammengestellt, und diese Nacht ist auch nicht mehr jung? Wann schläft er? Haußmann erzählt von den Ferien mit seinen Eltern in SDGB-Heimen. Und wann hast du dann deine legendäre Bohème-Wohnung bezogen, erzähl mal Leander, gröhlt ein alter Freund, hast du nicht mit 25 noch bei deinen Eltern gewohnt? Leander grinst: Ja, da war ich sehr froh, als ich die Wohnung bekam! Ich verlasse das rauschende Feste gegen halb vier Uhr morgens, um elf ist Probe. Um 19 Uhr Generalprobe, die letzte. Wie halten die das alle durch?

Düstere Stimmung am Morgen in der Kantine bei der Probenkritik . Unglaublich, wie oft Fotografen und Fernsehleuten etwas runterfällt, sagt Haußmann. Und: Ich gebe zu, daß mir heute die Motivation ein bißchen fehlt. Ich will meine Kräfte für andere Großprojekte sparen, die mehr Geld bringen. Alle lachen. Schorty erregt Haußmanns Mißfallen. Nimm deine Sachen und geh! sagt er todernst. Stille. Er wiederholt es. Plötzlich eine Stimme: Nutz doch deine Chance Mann. Alle lachen erleichtert.

Generalprobe. Das Spiel ist schneller, intensiver geworden. Die anfänglichen fünfeinhalb Stunden wurden zu dreieinhalb verdichtet. Aber wie soll ich aus dem Material für ein Buch einen Artikel filtern?

Was ist morgen?

Keine Probe, sagt Haußmann.

Aber die technischen Schwierigkeiten.. Und der Applaus, wie wollen wir das denn...

Keine Probe.

Und was ist mit den Liedern. Wir könnten uns doch um zwölf zu einer Musik-Probe treffen? meint Irene hoffnungsvoll. Alle haben Angst vor dem Premierentag.

Da kannst du sowieso nichts machen, sagt Schorty. Am besten wäre es, die Hauptprobe am vormittag vor der Premiere zu machen, dann ist man schon warmgespielt, sinniert Traute. Thorsten kann eine

Woche vor der Premiere nichts mehr essen und kaum schlafen. Und danach? Da falle ich in ein tiefes Loch, sagt er düster. Kein Problem für Gennadi. Zum Glück lebe ich in Düsseldorf, sagt er, mit meiner Familie. Abstand! Das brauche ich.

Meine Aufregung steckt mein Notebook an. Plötzlich druckt es mir mehrere Passagen meines Artikels doppelt aus und verteilt sie kleingehackt im Text. Ich versuche es zu korrigieren. Als ich auf die Uhr schaue, habe ich beinahe die Premiere verpaßt. Ich renne zum Theater. Die Koryphäen der Kulturkritik laufen ein. Durch dieses Nadelöhr muß er kommen! Summen und Brummen im Zuschauerraum. Haußmann und Dag Uwe Berlin wandeln in Designeranzügen vorbei. Das kreative Chaos aus Regiepult, Kabeln, herumliegenden Taschen und Jacken, Zigarettenkippen, Plastikbechern im Zuschauerraum, ist plüschiger Ordnung gewichen. Nur der fleckige Vorhang, in den die Zeit Muster gewetzt hat, ist noch vom Hauch des Spielerischen, von Wutausbrüchen, hysterischen Lachanfällen, alberner Spiellust getränkt. Jede Theatervorstellung ist immer auch eine Geisterbeschwörung. Nervosität in den Garderoben. Maskotten sitzen und liegen vor den Spiegeln, blauer Dunst überall. Traute drückt jetzt zum letzten Mal ihren Pinocchio und dann eröffnet sie den überall mit Spannung, Mißtrauen, Vorschußlorbeeren und Hohn erwarteten Theaterabend mit Margit Carstensen. Sie stehen in schwarzen Kostümen im hell erleuchteten Zuschauerraum und betrachten das Publikum. Denkt Margit jetzt an Toto? Wo ist er überhaupt? „Du hörst mir nicht zu“ sagt Traute. „Natürlich nicht, wir sind im Theater!“ antwortet Margit, wie geprobt. Sind das dieselben Menschen, die in der Kantine hastig in der Probenpause ihr Essen verschlangen, die gestern noch erschöpft die nicht funktionierende Nebelmaschine, und das Genadis Problem mit dem langen Mantel diskutierten? Die magische Verwandlung ist restlos gelungen. Sie sind mir fremd. Ich sitze auf dem Platz, wo vorher das Regiepult war. Es ist der beste.
Kaum wird es auf der Bühne still, wird es im Zuschauerraum laut. Bin ich im Krankenhaus? Alles hustet, niest, räuspert sich. Ein gefürchteter Kritiker hat einen lang anhaltenden Hustenanfall. Ist

das ein Störmanöver oder hat er in all den Jahren nicht gelernt, Pfefferminzbonbons bei sich zu tragen? Aber vielleicht würgt ihn ja auch das deutsche Erbe, das Müller und Haußmann jetzt servieren. Bei jeder Szene warte ich nervös, ob alles klappt.
Hoffentlich bleibt Stalins Stuhl nicht am Kabel hängen! Wird das Beil im Tisch steckenbleiben, wenn Matthias es hineinschlägt? Hoffentlich leuchtet das Licht in der Verpflegungsbombe der Stalingradszene! Ich kaue an meinem Daumennagel und registriere erleichtert, daß das Publikum bei den Brechtwitwen hemmungslos lacht. Es funktioniert! Um 21 Uhr piepen alle elektronischen Uhren. In der Pause unterhalten sich zwei Kritiker neben mir und plötzlich wird mir klar, warum sie mir so unangenehm sind. Sie erinnern mich an den Chemielehrer und den Mathelehrer, die mir mal gemeinsam einen Verweis verpaßt haben. In der Vorstellung sitzen beiden mit vor dem Körper gekreuzten Armen: so leicht lassen wir uns nicht einwickeln! Ja, es ist wirklich nicht leicht, wenn man nicht dazugehört. Wer hält das auf die Dauer schon aus, immer nur vom kreativen Wagemut der anderen zu leben, indem man daran herumkritisiert.
Während in den Wolken weitergekämpft wird, da wo Heiner Müller, Stalin und Hitler sitzen, vertreibt Haußmann mit seiner Inszenierung mal schrill, mal erschütternd, mal hinreißend komisch die Geister vom toten Mann. Begeisterter, langer Applaus. Zwei Zuschauer gingen, einer am Anfang, einer am Schluß, beide türenschlagend. Open End in der Kantine. Rauch, viel Rauch. Ich ziehe mir eine neue Packung aus dem Automaten (ich bin Nichtraucherin). Müller lacht. Doch, ich habs deutlich gehört, als ich mir einen halben Liter Multivitaminsaft holte.

Gespräch mit Leander Haußmann

Leander Haußmann: Was macht mein Horoskop?
Luisa Francia: Was macht mein Interview?
Haußmann: Ware gegen Ware.

Hier ist das Interview:

L. F. Die Szene mit dem „Kleinen Mönch" in Germania ist doch ein bißchen autobiographisch, oder? Hast du nicht den Kleinen Mönch vorgesprochen, zu Beginn deiner Theaterlaufbahn?
Leander Haußmann: Ja. Stimmt.

L. F. Wo denn?

L. H. An der Schauspielschule Berlin. Das war damals noch das alte Bootshaus, die alte Schule.

L. F. Und dann haben sie dich genommen?

L. H. Nee, dann haben sie mich nicht genommen.

L. F. Und was hast du dann gemacht?

L. H. Drucker. Das heißt ich war schon in der Lehre, dann bin ich zur Armee gekommen und dann habe ich noch andere Sachen - ich hab alles durch, was man in der DDR durchhaben kann, an Lagern, an Ausbildung, vom Pionierlager bis zum Feldlager.

L. F. Dann kannst du gut schießen?

L. H. Ich kann sehr gut schießen.

L. F. Das sieht man dir nicht an.

L. H. Das sieht man den wenigsten Leuten an, die sehr gut schießen können.

L. F. Alle schreiben über dein Aussehen, aber niemand beschreibt deine Hände. Die sind wirklich außergewöhnlich

L. H. Nur, daß sie für die Arbeit, die ich hier tue relativ unwichtig sind.

L. F. Finde ich gar nicht. Mir ist aufgefallen, daß du sehr viel über deine Hände machst, du beschwörst, stoppst, illustrierst, hältst alles zusammen, reißt alles wieder auseinander...
Und alle schauen auf deine Hände.

L. H. Vielleicht ist das weil ich mich sonst nicht so ausdrücken kann.

L. F. Erzähl doch über dein Treffen mit Heiner Müller. Kanntet ihr euch, bevor ihr euch in Amerika getroffen habt?

L. H. Wir kannten uns natürlich, aber ohne uns begegnet zu sein. Ich glaube Müller hatte einige Vorurteile gegen mich, wie auch ich gegen ihn. Wobei meine Vorurteile dabei relativ unwichtig sind. Er hatte keine Aufführung von mir gesehen und wird jetzt auch keine Gelegenheit mehr dazu haben, es sei denn der christliche Gedanke funktioniert und er sieht sie jetzt, aber ich denke dann hat er Wichtigeres zu tun. Insofern hatte er durch die Schilderung anderer Menschen ein bestimmtes Bild von mir und das trug er mit sich herum, bis wir uns trafen. Dieses Bild ist ja das, was viele von mir haben, was mir auch wurscht ist, ich hab da auch keinen Ehrgeiz, daß ich oberflächlich bin, daß ich lustig bin und die Inszenierungen entsprechend einfach und nicht interessant, diese ganzen Geschichten hatte er im Kopf. Als wir uns trafen, war innerhalb von zwei Stunden dieses Vorurteil ausgeräumt und in ihm fühlte ich eine neue Hoffnung keimen, das hat er auch gesagt, er wünsche sich mal jemand, der seine Texte anders darstellt, als es üblich ist. Ob ich das jetzt gemacht habe, weiß ich nicht, aber wir mochten uns irgendwie. In unseren Augen fand das statt, was man vielleicht mit „humorvollem Austausch" bezeichnen könnte. Wir hatten so lustige Blicke miteinander, das war für mich das Wesentliche dabei. Wir hatten uns ja in Princeton getroffen und ich mußte nach New York, weil ich da den André Chaban (?) an der Columbiauniversity besuchen wollte, der da ein Regieseminar hat. Müller war dann so interessiert, daß er mit seiner Frau und seinem Kind und zwei anderen Leuten dann auch noch nach New York kam. Da hatten wir nette Nachmittage miteinander, die dadurch getrübt waren, daß man ja in New York nicht mehr in Restaurants rauchen kann und Zigarren schon gar nicht, und so war das auch damit verbunden, daß man fröstelnd irgendwo stand, oder wie so ein kleines Kind hinter der vorgehaltenen Hand rauchen mußte. Müller hat sich dann so gerächt, daß er in einem Restaurant, das sich französisch gab, indem es so Stifte auf die Tischdecke verteilte, sodaß man auf die Tischdecke zeichnen konnte, ein Gedicht oder eine kleine Episode geschrieben hat, die ging etwa so: als Hitler an die Macht kam, hieß es „die deutsche Frau ist sauber und raucht nicht" und dann rauchten die Schornsteine in Auschwitz. Damit verließ er erhobenen Hauptes das Restaurant und eine halbe Stunde später fiel einem ein, daß das ja eigentlich ein Zeit-Dokument ist. Der rannte dann zurück, um diese Tischdecke sicherzustellen. Die war aber dann von den ignoranten Amerikaner bereits vernichtet worden. So haben wir uns getroffen. Wir haben später auch in Berlin viel interessantere Treffen noch gehabt, wo wir über das Stück sprachen.

L. F. Ihr wolltet das Stück zusammen machen?

L. H. Der Grundgedanke war, daß Müller es in Bochum uraufführt. Ich wollte, daß ers hier macht und habe ihn auch dahingehend verführt, indem ich ihm sagte, es ist viel schöner wenn du es hier machst, außerhalb der lärmigen Berliner Metropole, wo am BE so viel Ärger ist, mit Zadek und diesen Leuten, machs bei mir, hier hast du deine Ruhe und engagierte Schauspieler (wobei ich nicht sagen will, daß am BE keine engagierten Schauspieler sind). Das hat ihm dann gefallen, da hat er sich reingeträumt. Ich hab ihm aber auch gleich gesagt: du wirst es bei uns nicht machen können, wenn du den Kampf um die Intendanz gewinnst. So kams dann auch. Er hat mich dann ganz „schamig" um Verzeihung gebeten, daß er es jetzt doch am BE machen muß und er hätte es viel lieber, daß ich es mache. Man kann das aber jetzt nicht so deuten, als hätte er mir das Stück als großen Erben hinterlassen, sondern es war seine Hilflosigkeit mit einer nicht eingehaltenen Verabredung umzugehen. Aber ich hab das sofort verstanden. Und ich war noch nie so wenig wild auf eine Uraufführung wie auf diese.

L. F. Da sitzen natürlich die Journalisten in den Startlöchern, das ist ein großer Druck.

L. H. In dem Fall sind mir die Journalisten relativ wurscht. Ich hätte gerne eine Aufführung vorher gesehen, um davon für meine eigene Aufführung zu profitieren.

L. F. Aber so kannst du natürlich ganz frisch drangehen.

L. H. Ja, aber ich mache auch Fehler, bei einer Uraufführung, wenn ein Stück noch gar nicht ausprobiert ist, kann man natürlich viele Fehler machen, und die hätte ich gern bei anderen erst analysiert.

L. F. Ich fühlte mich noch nie so intensiv in deutsche Geschichte reingezogen wie bei der Probe jetzt, mit allen Gefühlshöhen und -tiefen.

L. H. Das freut mich. Das ist so beabsichtigt.

L. F. Ich möchte dich noch etwas zum Begriff „Heimat" fragen. Was ist Heimat für dich?

L. H. Der Begriff Heimat ist ja ein inflationierter Begriff und leider auch mißbraucht, wobei das Wort Heimat ja eigentlich eine Identifikationsgeschichte ist. Es wäre schon schön, wenn die Deutschen einen Heimatbegriff hätten, dann würden sie vielleicht auch weniger Fremdenhaß entwickeln. Ich glaube, daß der Fremdenhaß der Deutschen aus der mangelnden Identifikation mit dem eigenen Land kommt und daß sie neidisch sind auf die anderen Völker, die eine Identifikation haben. Ich könnte mir vorstellen, daß dieser Neid z.B. auch auf die Juden daher kommt, daß sie zwar nie eine Heimat hatten, in dem Sinn daß sie Territorium besaßen, dafür aber eine Identifikation hatten und das als Heimatbegriff hatten, nämlich eine sehr starke Kulturgeschichte, sei es religiös oder aus der Religion auch eine Kulturgeschichte, nach der die Deutschen immer gesucht hatten. Das Problem der Deutschen ist natürlich auch, daß alles, was ihnen eine Art von Identifikation verleiht entweder inflationiert wurde, in Form von Mißbrauch, oder importiert wurde: die deutsche Klassik, der Klassizismus aus der Antike, oder die bürgerliche Literatur, die importiert wurde aus Russland oder Norwegen... das Problem ist die Befreiung der Deutschen aus der Kleinstaaterei zu einem großdeutschen Reich, was aber nie wirklich funktioniert hat, weil es nie eine wirkliche Verbindung zwischen Deutschen und Deutschen gab. Da war immer eine Desorientierung und das war immer schon ein fruchtbarer Boden für Leute die meinten, sie könnten die Deutschen zusammenbringen. Dadurch konnte ein Hitler entstehen, der eigentlich ein Kleinbürger war und dadurch daß er ein Kleinbürger war, konnten sich viele Kleinbürger, auch der Proletarier ist ja ein Kleinbürger, mit diesem Mythos identifizieren. Insofern war Deutschland vergleichbar mit Rußland. Rußland ist zwar um vieles größer, aber auch eine Art von Kleinstaaterei und die Russen haben versucht, diese vielen Nationen reichsmäßig zusammenzuführen und

dann muß natürlich einer da sein, auf den sich alle Nationen konzentrieren können. Deutschland ist viel kleiner - und deshalb sind die ja auch viel kleiner und ekliger in ihren Morden als z.B. Rußland. Der Deutsche mit seinem Preußentum und seinem Ordnungssinn hat das Ding preußisch-rational, mathematisch durchgeführt. Dieses Kleinliche, Disziplinierte, Penible, Ordentliche, das ist der Komplex der Deutschen.
Ich war auf Mauritius, da sind viele Völker zusammen, ein Gemisch von Nationalitäten, die einen Menschen ergeben, der außerordentlich ästhetisch und schön, hochintelligent ist und viele Sprachen spricht. Jetzt kommt so ein Deutscher an und wirkt in dieser diffizilen Atmosphäre dieses Landes, Mauritius klingt ja auch schon so klein, wie die Briefmarke und ist es ja auch, so feingliedrig, da sitzt so ein Deutscher wie von Dix gemalt - die sind laut und haben Komplexe, weil sie weder französisch richtig sprechen, also englisch schon ein bißchen, noch italienisch. Das sprechen die dort alle, jeder Kellner hat dort mehr Stil, Sinnlichkeit, Ethik als ich oder ein anderer dicker, dünner oder mittlerer Deutscher. Das ist ein Komplex. Und dieser Komplex äußert sich in solchen Ländern durch Lautstärke. Deswegen wirkt auch Deutschland so laut. Aber wenn man es genauer betrachtet, stellt man plötzlich fest, daß die Deutschen eigentlich ganz arme, kleine, lustige Wesen sind, nur sie verschrecken so schnell. Wenn ein Franzose laut ist, hat er immer noch eine schönklingende Sprache, wenn ein Deutscher laut ist (imitiert technoartig den lauten Deutschen). Der Deutsche hat viele Probleme, die ihm aufgrund des Temperaments, aufgrund der hartklingenden, zwar sehr schönen weil sehr melodiösen, schwierigen und intelligenten, aber harten Sprache, die nach außen immer klingt wie die Sprache eines Eroberers. Er möchte immer gern nach außen erklären, daß er nicht so ist, aber über die Erklärung „ich bin nicht so“ holt es ihn ein, daß er doch so ist und er merkt es gar nicht. Der Deutsche darf nie singen „Schwarz-braun ist die Haselnuß“ zum Beispiel, der Italiener kann „Tiritomba“ singen, das ist nicht inflationiert, die Amerikaner haben zu ihrer Musik ein ganz organisch gewachsenes Verhältnis, obgleich Amerika ja aus der Welt besteht, aber das ist eine ande-

re Sache. Und jetzt sind da die Deutschen, die sehen auf die Spanier, der Spanier darf stolz sein, oder auf die Moslems, der Moslem darf den Christen hassen usw. Aber der Deutsche ist mittlerweile in einer derart starken Identifikationskrise, daß er nicht einmal mehr zugeben kann, daß er andere Kulturkreise nicht mag. Der Christ, der durch sein missionarisches Bedürfnis in dieser Welt viele Blutbäder angerichtet hat, muß jetzt liberaler sein, als er eigentlich ist. Kein Moslem oder kein Buddhist muß so liberal sein wie ein Christ. Es gehört zu jedem Kulturkreis, ohne mich jetzt mit dem Untergang des Abendlandes spenglermäßig zu identifizieren, jeder Kulturkreis braucht auch ein gewisses Maß an Intoleranz, um diesen Kulturkreis zu halten. Wie bestimmt man dieses Maß? Es hat ja nie funktioniert, daß ein Moslem mit einem Christen zusammenlebt, es sei denn es wird abgesichert durch Poliezi oder Militär, wie in Jerusalem z.B. und Jerusalem ist ein Krisenherd weil diese ganzen verschiedenen Kulturen dort zusammentreffen. Und niemand mag sagen, darf sagen, daß der jüdische Staat in der Hinsicht versagt hat, in seiner Politik. Der Deutsche darf das nicht mehr sagen. Das ist als ob du nicht pupen darfst. Und wenn ein Intellektueller hier einen Gedanken faßt, den er schon lange im stillen Kämmerlein aufgeschrieben hat, der auch nur in geringster Weise an diesen Tabus rüttelt, dann kommt eine Maschinengewehrsalve und fegt über ihn hinweg und er wird den Gedanken nicht einmal aussprechen können. Und da hat der Handtke verfluchtnochmal wirklich recht, wenn er sagt, dieses sichaneignen von Betroffenheit, das Betroffenheitsgetue der Deutschen ist nur eine Form von Verdrängung der eigenen Schuld und unabhängig davon, daß der Text von ihm wirklich nicht gut ist. Und es ist immer noch so in diesem „Reich“, sag ich mal so, daß niemand bis jetzt seine ganz private Ego-Schuld eingestanden hat. Die Frage steht immer noch groß im Raum: Wärst du ein Faschist gewesen oder wärst du kein Faschist gewesen. Und dieses schnelle „Nein. Ich wär kein Faschist gewesen“ ist eine Lüge. Und jetzt müßte man mal anfangen, darüber nachzudenken: was fasziniert mich am nationalsozialistischen Gedanken. Das darf man aber nicht denken. Aber das wäre eine Selbstanalyse. In dem Moment, wo jemand sowas anfängt, beginnen sofort die Betroffenheitsfanatiker, die Besitzer der Betroffenheit auf den einzuschlagen mit Eisenhämmern. Und damit ist kein Gedanke mehr möglich, keine Diskussion mehr möglich - und das ist ein deutsches Problem. Durch diese Selbstdisziplin und Selbstzensur entsteht unter diesem ganzen verlogenem Zeug ein Gewächs von neuem faschistoiden Gedankengut und es kommt aus einer ganz anderen Richtung, nie von den Intellektuellen, es kommt von unten her, von dem sogenannten kleinen Mann, der sich von „oben" verraten fühlt, auch von dem Intellektuellen, weil dieser Gedanke, den er so nicht artikulieren kann, nicht artikuliert wird. Und dadurch entsteht wieder neuer Faschismus.

L. F. Die Wunden reißen wieder auf, weil sie gären.

L. H. Und weil sie unterdrückt werden. Sie können nur wuchern, weil sie unterdrückt werden. Wenn sie nicht unterdrückt würden, könnte man darüber reden, auch aus der eigenen Sicht.
Ich muß jetzt leider hoch, Wolf Biermann hat angefangen.

L. F. Ganz schnell noch zu deiner Theater-Vergangenheit. Du bist ja mit Theater aufgewachsen...

L. H. Meine Eltern waren beim Theater, darum war ich zwangsläufig Theaterkind und hab Theater aus familiärer Sicht kennengelernt. Aber deswegen bin ich nur von den Genen her beim Theater, später hab ich aus eigenem Interesse am Theater angefangen, da haben die Gene sicher geholfen.

L. F. Mir fällt an deinen Inszenierungen auf, daß du zwar sehr spielerisch, aber auch tief vertraut mit dem Theater die Mechanismen des Theaters souverän bedienst.

L. H. Das kommt aber nicht durch die Eltern, das habe ich mir selbst erarbeitet, das ist Studium und ich bin fast elf Jahre dabei.

L. F. Wie siehst du für dich die Möglichkeiten des Theaters oder des Films, was reizt dich mehr?

L. H. Ich gehöre nicht zu denen, die hier an der vordersten Front zur Rettung des deutschen Theaters. Ich bin autonom und wenn das Volk oder der Staat oder die Länder meinen, daß Theater so nicht mehr existieren soll, bin ich jederzeit bereit, mich anderweitig auszudrücken.

MUSTANG-TRANCE

Crazy, sagt Herr Kumar Karki von Asian Trekking. Dont go alone. Warum ich mich denn nicht einer Gruppe anschließe? Allein? Würde ich als Frau nicht machen, meint Narendra, der Manager vom Vajra-Hotel in Kathmandu, der mir schon bei den Filmarbeiten zu Achternbuschs „Ab nach Tibet“ vor zwei Jahren geholfen hat. Es gibt räuberische Khampas und was passiert, wenn du dich verletzt? Ich möchte aber unbedingt allein gehen, keine Gespräche über die Faulheit oder Zähigkeit der einheimischen Träger, über die Schönheit der einheimischen Textilien, Kinderarbeit, die miserable Luft in Kathmandu. Ich möchte gehen und wahrnehmen, ohne Begleitung, ohne Schutz, ohne smalltalk ohne anspruchsvolle Gespräche.
Am Abend setze ich mich auf einen Stein am Fluß. Schweine wühlen im Abfall. Ein Lastwagen wird gewaschen. Von der anderen Flußseite kommt eine Lichterprozession. Eine Trommel wird geschlagen. Der Menschenzug kommt im Gänsemarsch durch den Fluß auf mich zu. In der Mitte des Zugs tragen vier Männner eine Art Bahre, auf der eine verhüllte Leiche liegt. Der junge Mann, der dahinter von zwei Freunden gestützt mehr geschleift wird als geht, bricht mir fast das Herz mit seinem verzweifelten Weinen. Hoffnungslos fällt er mal zur einen mal zur anderen Schulter. Diese Zärtlichkeit seiner Freunde! Dieser Schmerz! Wer mag da gestorben sein? Auf dem Weg zum Hotel kämpfe ich mit den Tränen. Die Toten sind frei. Der Tod ist ein Problem für die Überlebenden.

Ganesha der Zeitungsastrologe von „Rising Nepal“ meint: „Be optimistic, do your duty and be assured, things will work out by may.“Ja dann. Wir haben jetzt August. Ich sehe schon, wenn ich das noch länger diskutiere, habe ich am Ende einen Träger und einen Führer. Da ich allein bin, erwische ich den letzten Sitzplatz auf dem Flug nach Pokhara.

Ich muß eine Nacht in Pokhara bleiben, weil der Flug durch die Kali Gandaki-Schlucht nach Jomsom hinauf erst morgen früh möglich ist. Ich sehne mich nach der kargen Landschaft dort oben. Als ich das Mückengitter meines Hotelzimmerfensters zudrücken will, sehe ich plötzlich ein winziges Insekt, es hält sich an der Kante fest. Ein ganz zartes Wesen, zwischen Libellenkind und Engel, durchsichtige grüne Flügel, riesige Augen. Es umklammert den äußersten Rand der Kante mir dürren Beinchen und schaut mich an. Hätte ich jetzt nicht aufgepaßt, ich hätte es zerquetscht. Der Blick trifft mich ins Mark. Es ist kein Zufall, daß ich hinschaue, ich hab die Angst dieses kleinen Wesens aufgefangen. Aber ich glaube es ist genauso erschrocken wie ich über diese plötzliche Kommunikation. Ganz behutsam fixiere ich den Rahmen so, daß nichts passieren kann. Heute nachmittag habe ich mir ein Paar Socken gekauft, die hundert Rupees gekostet haben. Warum so teuer? fragte ich. Its crocodile, sagte der Verkäufer. Die Binden kosten auch 100 rupees, Tampons gibts nicht. Es scheint fast ein Tabu zu sein, daß ich überhaupt danach gefragt habe. Ich jogge zum Hotel zurück.
Nachts habe ich einen Alptraum: der See hat Angst vor den Bergen und steckt mich mit seiner Angst an. Die Berge beugen sich drohend herunter. Ich wache auf und wälze mich im Bett hin und her. Wenn ich überfallen werde? Ist doch egal, dann gebe ich halt alles her. Aber wenn sie mich über die Felsen schubsen? Quatsch. Mir fallen alle Warnungen ein, eine Frau allein, Vergewaltigung, Folter, Mord! Schlotternd gehe ich aufs Klo. Für Horrorvisionen reicht doch die Kraft immer noch, auch wenn man total übermüdet ist! Wie komme ich dazu, den Rat aller Fachleute einfach beiseite zu schieben. Die sind doch nicht blöd, die wissen schon, warum sie mich vor dem Alleingehen warnen. Bin ich leichtsinnig? Bin ich arrogant, daß ich denke, ich könnte etwas einschätzen, von dem ich vielleicht keine

Ahnung habe? Ich atme ein. Ich atme aus. Ich schlafe ein und träume von Pfannkuchen. Um sechs weckt mich der Rezeptionist mit Tee. Alle Bedenken sind verflogen.

Ein Franzose in Shorts mit zwei Freunden, ein italienisches Ehepaar, viele Nepali, drei Amerikaner, zwei Mönche, einige Tibeterinnen und viele junge tibetische Männer warten am Flugfeld auf die Maschine. They dont even speak English! beschwert sich der eine Amerikaner. Müssen sie nicht, sie sind hier zuhause. Plötzlich sehe ich außerhalb des Warteraums König Jigme von Mustang, den ich vom Drehen kenne. Ich gehe raus und begrüße ihn. Er ist schüchtern. Gar nicht wie ein König. Ich darf ihn fotografieren. Abbiamo il volo sbagliato, sagt der italienische Mann weinerlich, weil jetzt schon die dritte Maschine von Royal Nepal Air startet und unsere Everest Air ist noch nicht da. Vedi, tutti partono,noi invece no! klagt er. Ma si, viene anche il nostro volo, caro, sagt die Frau freundlich.

Während wir durch die tiefe Schlucht hinauf nach Jomsom fliegen reißen die Wolken auf und die schneebedeckten Gipfel des Machapuchare, Annapurna und Nilgiri tauchen auf. Auf der anderen Seite ist kurz der Daulaghiri zu sehen. Wahnsinn, diese Berge! Geil! Ich bin da. Ich habs tatsächlich geschafft!

Ich steige oben aus und erkenne Jomsom nicht wieder. In den zwei Jahren haben sie mindestens zehn neue Gasthäuser gebaut. Schnell zur Polizei, Namen, Adresse und Ziel eintragen, ich schreibe Muktinath, andere haben Muk geschrieben, zeige mein Trekkingpermit und die Bestätigung, daß ich die Gebühr für die ökologische Betreuung des Annapurnagebiets bezahlt habe und weg bin ich. Am Ende des alten Dorfs ist ein kleiner Laden, wo es auch Tee gibt. Ich bestelle eine Kanne. Das Mädchen mustert mich vergnügt und sagt „Sir“ zu mir. Wir fotografieren uns gegenseitig. Zwischen Jomsom und Kagbeni überhole ich eine Gruppe vom deutschen Alpenverein. Da kommt die schnelle Truppe, sagt eine Frau. Sie trägt Goldschmuck und eine Rolex. Wozu soll denn das gut sein? Ich erinnere mich natürlich an die Ermahnungen meiner Mutter in der Kindheit: langsam und stetig soll man gehen, nicht zu schnell, damit man nicht Kraft verliert. Aber ich bin so leicht, keine Mühe drückt mich, nicht einmal der Rucksack. Da ist wirklich nur das Nötigste drin. Schlafsack, Wäsche zum Wechseln, ein langärmliges T-Shirt, eine Stoffhose, Tagebuch, Zahnbürste, Fotoapparat, Geld. Es geht immer am Fluß entlang, der Weg ist leicht und ich habe zwei gute Karten von Südmustang bis zum Thorong La Paß und von Mustang bis zur tibetischen Grenze, wo ich theoretisch nicht gehen darf, denn Mustang ist Sperrgebiet und nur für geführte Gruppen offen. Man braucht ein grünes Trekkingpermit, ich hab ein gelbes. Wo der Weg nach Muktinath hochgeht, kurz vor Kagbeni, stehen ein paar Häuser. Eins ist ein Gasthaus. Ich trinke eine Kanne Tee und esse tibetisches Brot mit Honig. Die Alpenvereinsgruppe kommt und macht auch Pause. Sie diskutieren, wo ich wohl her bin und warum ich wohl alleine gehe. Als ich zahle, spricht mich einer an. Ich sage im breitesten bayerisch, daß ich aus der Gegend von München komme. Alle lachen. Die Frau mit dem Goldschmuck redet gerade über die Träger, daß sie viel mehr tragen könnten und daß sie faul sind. Aber beim Alpenverein brauchen sie immer nur dreißig Kilo tragen. Und Kinder unter 14 nehmen wir nicht, sagt sie energisch. Die habens sowieso gut bei uns... Alle trinken Cola. Ich unterhalte mich kurz mit den Trägern darüber, wo man übernachten kann, wo es Essen gibt und was ich dafür wohl bezahlen soll. Sie zeichnen mir alle Häuser ein, in denen ich ohne weiteres fragen kann. Sie nennen mich didi, Schwester, und nicken mir anerkennend zu. Ich denke darüber nach, warum es mir wichtiger ist, von den Einheimischen akzeptiert zu werden, als von den - wenigen - Touristen, die da sind. Zuhause stinkt mir das nämlich gewaltig, wenn sich die Touristen immer bei uns Einheimischen anwanzen. Ich bin halt auch eine Touristin. Vor dem Haus liegt eine Kodak-Schachtel auf dem Boden. Ich gehe hoch. Der Weg ist steil aber angenehm zu gehen. Auf halbem Weg drehe ich mich um - die ganze Gruppe steht unten und beobachtet mich. Aber als ich oben bin, kriege ich plötzlich Schiß im wahrsten Sinn des Wortes. Noch einmal, ein letztes Mal, kommt es mir verrückt und gefährlich vor, allein zu sein, wirklich allein. Um mich herum kahle Berge, Wolken, weiter oben Nebel. Wie konnte ich das tun? Ich habe nichts zu essen dabei, aber in der Wirtschaft unten hab ich eine Flasche Wasser gekauft. Eigentlich brauche ich sie nicht. Ich stelle mir vor, daß ich immer morgens viel Tee trinke und dann erst wieder, wenn ich irgendwo bin, wo es entweder Trinkwasser oder Tee gibt. Die Wolken reißen auf und sofort wird die Sonne sehr heiß und stechend. Ich binde mein rotes Tuch um den Kopf und mache aus dem Lehm und Spucke eine Paste, die ich mir über die Wangen, die Nase und das Kinn streiche. Vier Tibeterinnen kommen mir entgegen. Sie zögern, bleiben stehen.

Are you friend? fragt eine. Ich lache und biete ihnen meine Wasserflasche an. Sie trinken. Eine Frau hat ganz entzündete Lippen. Ich schenke ihnen die Flasche. Ich gebe zu, daß ich mich einfach nicht anstecken will.

Karge, kahle Bergrücken umgeben mich. Da sind die Höhlen, die Hüttl erforscht und beschrieben hat. Meine Gedanken fliegen gegen Felswände und kommen leicht verändert zurück, der Atem ist flach, ab und zu zwinge ich mich, tief einzuatmen: wenn ich das ganze Lungenvolumen noch schaffe, bin ich weder zu schnell, noch zu weit oben. Ohnehin bin ich jetzt erst auf ungefähr 3500 m, was für diese Gegend ja nicht hoch ist. Dann taucht das Hochtal von Jarkhot und Muktinath auf - ein Paradies. Im Grau der Berge liegen plötzlich tiefgrüne und sattgelbe Flecken, eine rote Gompa leuchtet aus einem Dorf, das wie ein Adlernest am Felsen klebt. Ich gehe an der kleinen Mauer vorbei, die den Weg vor Kinga begrenzt. Dauernd habe ich das Gefühl, daß ich hier schon einmal war. Die Häuser, die Mani-Mauern, die Gebetsmühlen, und weit drüben das Dorf auf dem Felsen, woher kenne ich das? Dann fällt es mir ein: alles hier sieht spiegelbildlich genau so aus wie in Purang, dem tibetischen Dorf an der Grenze. Ich frage eine Frau nach dem Namen des Dorfes dort oben, indem ich mit dem Finger nach unten deute und Kagbeni sage. Dann deute ich mit dem Finger auf das Dorf und schaue sie fragend an. Purang, sagt sie. Obwohl es nicht das tibetische Purang in der Nähe des Manasarovar-Sees sein kann, gibt es mir einen kleinen Schock. So nahe bin ich dem Ziel meiner Träume wieder und so ähnlich sieht es aus! Ich wandere weiter, scheinbar kennt mein Körper keine Müdigkeit. Meine Beine holen aus, die Lungen pumpen, die Füße suchen sich Halt zwischen den Steinen und den Wasserpfützen. Die Gedanken spielen, verbinden sich mit dem Bild des Dorfes, der Landschaft, mit Erinnerungen, Satzfetzen. Der Rucksack drückt rechts stärker als links, ich zurre den Riemen links stärker an, jetzt drückt er links. Ich schiebe die Hände auf dem Rücken unter das untere Ende des Rucksacks. Plötzlich diese seltsame Musik, eine Art Trommeln und hoher, übermütiger Gesang, wieder schlägt der Rhythmus Klangwellen durch die Luft, begleitet von hohen Tönen. Ich gehe dem Gesang nach. Da stehen auf einer festgestampften Lehmterrasse drei Frauen und drei Männer einander gegenüber, schlagen die Dreschflegel abwechselnd auf den Boden und singen dazu, drei goldene Strohbündel wandern weit unten auf einem Pfad. Für sie alle ist es harte Arbeit, für mich ist es einfach wunderschön. Auf dem engen, von Mauern begrenzten Weg ins Dorf Jarkhot hinein begegne ich zwei Reitern. Sie galoppieren an mir vorbei, ich spüre den Schweiß des einen Pferdes am Arm. Das Dorf Jarkhot: Das Kloster ist eine in den Himmel ragende Ruine, darüber kreisen sieben Adler (brauche ich noch ein Zeichen?), auf den Hausdächern liegt das Holz rundum wie zu einem Kranz aufgeschichtet. Urtümliche Steinfiguren, deren Geschlecht nicht zu erkennen ist, stehen an den Hausecken zum Schutz. Ein kleiner Junge kommt angeflitzt, starrt mich an, berührt meine Brust und ruft: DeviranaLu. Später erfahre ich, daß das eine Dämonin ist, die aus den Nebeln des Thorong La Passes kommt und Kinder erschreckt.

Bei Sonam komme ich unter. Ich brauche zwei Stunden, bis ich den Stift wieder halten kann. Jetzt erst merke ich, wie ausgepumpt mein Körper ist. Sonam zeigt mir das Plumpsklo und den Wasserhahn. Ich liege auf der Matratze und habe Kopfschmerzen. Später esse ich Tsampa und fühle mich wieder sehr wohl. Die Jungs des Dorfes spielen auf dem winzigen Platz vor der Post mit einem kleinen Ball. Sie produzieren sich, schauen zu mir herauf. In den Postkasten, der über der Tür neben der schwachen Glühbirne hängt, habe ich Karten eingeworfen, von denen ich nicht glauben kann, daß sie ankommen. Sie sind sogar schneller am Ziel als die Karten aus Kathmandu. Abends auf dem Lehmdach: Nebel zieht auf, das Licht schwindet, die Luft ist frisch. Es riecht nach würzigen kleinen Holz- und Strohfeuern. Im letzten Licht schimmern die gelben Gerstenstrohhaufen. Als es ganz dunkel ist und nur die Funzeln in den Häusern ein wenig Licht nach außen abgeben, ertönt plötzlich eine Flöte von weit oberhalb des Dorfes. Eine hohe Frauenstimme setzt ein. Ist das noch irdisch? Die Musik scheint von Muktinath zu kommen. Irgendein Nachtvogel fliegt so dicht vor meinem Gesicht vorbei, daß ich erschrecke. Um fünf Uhr früh bin ich wach und ziehe los. In der wolkenverhangenen Morgendämmerung passiere ich den Dorfbrunnen mit den Manisteinen, steige den Hang mit den mir unbekannten Bäumen hinauf zum Weg und lasse das Dorf hinter mir. Ich gehe sehr schnell und bald hämmert der Atem in meinen Ohren. Ich passiere einen Felsen, der wie ein Gesicht aussieht und mehrere Steinhaufen, auf die ich jeweils auch einen Stein lege, für eine sichere Reise. Die Sonne ist noch nicht aufgegangen, als ich Muktinath erreiche. Ein armseliges Dorf. Ein dick vermummter Mann verläßt ein Haus und holt Wasser. Eine kleine schwarze Katze, die aussieht wie meine Katze, die gestorben ist, sitzt auf dem Weg. Ich locke sie und sie kommt her, läßt sich aber nicht streicheln.Ich lasse den Tempel hinter mir, den ich aus irgendeinem Grund nicht betreten mag. Obwohl ich gekommen bin, um das Feuer auf dem Wasser zu sehen, das hier Hindus, Buddhisten und Bönpas als heiligen Ort verehren, verlasse ich Muktinath fluchtartig und steige höher hinauf, den steilen Anstieg zum ThorongLa. Bald hüllt mich Nebel ein. Wie ein leichter Mantel liegt er auf meinem Körper, flüstert mir ins Ohr, streicht über mein Gesicht. Die Feen tanzen. Jetzt kommt DeviranaLu und stellt mir ein Bein. Ich falle. Wie hoch bin ich? Viertausend, fünftausend Meter? Ich habe keine Ahnung. Ich weiß nicht mehr, wo ich bin, ich sehe den Weg nicht. Kurz kommt Panik auf. Ich kehre um, aber meinen Spuren kann ich nicht folgen, meine Schuhe haben auf den Steinen keine Abdrücke hinterlassen. Müsste nicht längst die Sonne scheinen? Ich bin dem Atem der Berge zu nahe gekommen. Wer sich verirrt, verirrt sich immer zuerst in sich selbst. In der dünnen Luft ist es schwer, einen klaren Gedanken zu fassen. Mächtig ist die Suggestionskraft der alten Felsen. Bleib doch, setz dich zu uns, leiste uns

Gesellschaft, schenke uns etwas von der Wärme deines Körpers. Ich setze mich auf einen flachen Stein. Ruhe breitet sich in mir aus, wie ich sie noch nie kannte. Da ist keine Welt, kein hektisches menschliches Treiben. Kein Bedürfnis stört die Gedanken, die wie Wolken ziehen, nicht mehr faßbar, ohne Form, ohne Sinn. Ich bin angekommen. Verschmelze mit der Landschaft. Da taucht ein verwegen aussehender Junge aus dem Nebel auf. Lautlos sind seine Schritte, kein Atem zu hören. Als er an mir vorbei ist, dreht er sich um und lächelt. Er zieht eine Flöte aus der Tasche. Ich stehe auf. Er geht vor mir her und spielt eine leichte Melodie. Wie in Trance folge ich ihm. Da ist der Weg wieder, der Nebel verzieht sich. Unter mir liegt das Hochtal, weit drüben die rote Gompa zwischen den grauen Steinhäusern. Die hohen, verspielten Töne der Flöte locken mich hinunter zu den Menschen.

Tagelang laufe ich, ohne einem Menschen zu begegnen. Manchmal öffnen sich die dichten Wolken und geben schneebedeckte, schroffe Bergspitzen frei. Ich schlafe auf einem Lehmdach und sehe die Sterne. Ich weine mich in den Schlaf vor Glück. Flöhe stechen mich in die Wirklichkeit zurück. Das Dorf auf dem Felsen ist menschenleer, ich drehe alle Gebetsmühlen, die von Händen in der Vergangenheit poliert wurden. Eine Frau winkt mich ins Haus, wo ein uralter Mann, ein kleiner Junge und ein struppiges Hündchen vor einer Holzschüssel sitzen. Die Frau nickt mir zu und ich greife mit der Hand hinein und esse von dem Brei, der gar nicht nach bekannter Nahrung schmeckt. Dann sitze ich auf ihrem Dach und schaue auf die Berge. Über dem Stall auf den Strohvorräten breite ich meinen Schlafsack aus. Vor dem Einschlafen steige ich noch einmal aufs Dach und pinkle in die schmale Gasse zwischen zwei Steinhäusern. Der schmal gewordene Mond taucht zwischen den Wolken auf. Fahles Licht erleuchtet matt die grauen Steinhäuser. Der Hund beginnt zu bellen. Bald wird er aufhören! Nein, er hört nicht auf, er bellt, bis er heiser ist, bis ihm die Stimmbänder schier reißen wollen. Niemand ruft ihm etwas zu, niemand tröstet ihn. Er bellt in die Verlorenheit dieses kleinen Dorfs, in die Unendlichkeit der hohen Berge. Ich sitze

auf dem Dach und konzentriere mich auf ihn. Hab keine Angst, denke ich. Spürst du mich? Hör auf mich! Plötzlich hört er zu bellen auf. Am Morgen, noch ehe die wenigen Dorfbewohner erwacht sind, packe ich meinen Schlafsack ein und mache mich auf den Weg.
In der Einsamkeit der Tage in der steinigen Landschaft tröstet mich der Gedanken, daß es überall irgendwo Menschen gibt, die ich am Abend sehen werde, die mir etwas zu essen und zu trinken geben, mit denen ich zwar nicht sprechen kann, aber die mich wortlos verstehen und mir ein Dach über dem Kopf anbieten. Die Menschen, die mir zuhause oft auf die Nerven gehen, erscheinen mir jetzt kostbar, wie ein Schutz vor der Unendlichkeit des Weltalls, die hier übermächtig ist. Ich habe vergessen, meine Uhr aufzuziehen, sie ist um vierundzwanzig nach Vier stehengeblieben. Zeitlos gehe ich dahin, schon lange orientiere ich mich nicht mehr nach der Karte, sondern nach der Schlucht, in deren Felsen die Höhlen vor tausenden von Jahren Menschen beherbergten, nach dem Pfad auf der anderen Seite, auf dem ich aufgestiegen bin. Viel zu weit bin ich jetzt schon nach Mustang hineingewandert mit meinem gelben Trekkingpermit. Ich muß bei der Vorstellung lachen, daß sich jemand hier für die Farbe meines Permits interessieren könnte. Ich jodle, meine Stimme schallt weit über die grau-gelbe, steinige Landschaft. Meine Lungen haben sich an die Luft gewöhnt, mein Körper fühlt sich leicht an, fast schwerelos. Ich spüre keinen Rucksack, meine Schuhe habe ich ausgezogen und der sandige Boden ist weich unter den nackten Sohlen. Schritt für Schritt bringe ich einen Hügel um den anderen hinter mich. Vollkommene Glückseligkeit!
Wieviele Tage bin ich gewandert? Wieviele Nächte habe ich schon auf Lehmdächern, über Ställen und in engen dunklen Steinhäusern geschlafen? Muß ich nicht längst zurück sein? Die Zeit hat sich aus der Enge meines Kalenders befreit und spielt mit mir. Gegen Mittag sehe ich Tetang, ein buntes Nest in den Felsen, atemberaubend. Ich lege mich auf den Boden und berühre die Steine. Ich finde eine versteinerte Muschel. Alles hier lag einmal unter dem Meeresspiegel! Ich kann das Meer hören. Ich darf hier nicht übernachten, weil ich kein grünes Permit habe. Es ist Zeit, wieder zur Kaligandaki abzusteigen!

Im Frühjahr und im Herbst, zur Haupt-Trekkingzeit ist in Kagbeni die Hölle los (die Annapurna-Umrundung wird turd-alley, Scheißallee genannt), aber jetzt mitten im August wäscht nur ein Franzose seine Stiefel im Brunnen und unterhält sich mit seinem Bergführer. Die beiden sind heute morgen aus Mustang gekommen. Drei andere Gruppenmitglieder sind noch unterwegs. Im Shangri La-Gasthaus hat mir die Großmutter mit einer weiten Handbewegung hinauf in den ersten Stock bedeutet, ich solle mir ein Zimmer aussuchen. Ich wähle das mit der schönsten Aussicht, aber leider liegt es über dem Stall und ich werde brutal gestochen, von welchen Tierchen entzieht sich meiner Kenntnis. Der halbwüchsige Junge schläft bis mittags, ich denke an meine Tochter und ihre Freunde. Die würden sich alle sofort verstehen. Er kann sehr gut kochen und legt sich nach dem Aufstehen ins Zeug, um mir eine Art Kartoffelfladen mit Weißkraut zu machen. Ich bin die einzige Besucherin. Die zwei Gruppen, die aus Mustang im Lauf des Tags eintreffen, zelten im Hof eines anderen Gasthauses. Im Hof des Shangri La zelten die tibetischen Verwandten. Sie haben einen Hund, der aussieht wie eine Kaschmirziege und immer überall dabeisitzt. Noch habe ich keinen der angeblich so aggressiven Hunde kennengelernt. Alle sind lieb und verspielt, sie laufen mir nach, wenn ich durchs Dorf gehe, wedeln mit dem ganzen Körper wenn ich sie beachte und spitzen die Ohren, wenn ich ihnen etwas erzähle. Ein deutscher Arzt spricht über die Krankheiten und wie wenig ärztliche Versorgung es gibt, man müsse die Kinder behandeln, weil so viele sterben. Ich bin ratlos. Sollen wir ihnen die Überbevölkerung und das Dahinsiechen bringen? Warum müssen wir eigentlich überall eingreifen, wir kriegens doch offensichtlich in unserem eigenen Land nicht auf die Reihe. Was haben wir diesen Menschen hier zu geben? Sie leben seit Jahrtausenden so, sie haben gerade genug, keinen Überfluß. Wozu braucht man Überfluß! sagte eine alte Mongolin in Ulrike Ottingers Film Taiga. Das einzige, was wir ihnen bringen, ist Müll. Verpackungen von Filmen, Müsliriegeln, Dosen, Zigarettenschachteln, Plastikflaschen, und natürlich überall Tempotaschentücher, die mehr als hundert Jahre brauchen, um zu verrotten. Meine Kulturleistung besteht darin, den Kindern beizubringen, wie man sich mit den Fingern der linken Hand die Nase schneuzt. Daß ich es ihnen nicht mit der rechten Hand beibringen darf, ist mir klar. Die rechte ist fürs Essen. Die linke für alles andere. Da sie alle Rotzglocken auf der Oberlippe haben, sind sie ständig um den Mund herum entzündet. Kaum schneuzen sich zur Belustigung der Erwachsenen alle mit den Fingern, kommt eine Frau mit ihrer kleinen Tochter zu mir. Sie wurde von einem Hund im Gesicht aufgekratzt. Hoffentlich hat der Hund keine Tollwut, hoffentlich kriegt sie keine Blutvergiftung, bete ich vor mich hin, denn alles was ich habe ist eine Propolis-Salbe. Keinen Alkohol, kein Desinfektionsmittel, kein Heftpflaster, keine Tabletten, nichts. Ich rufe meine verbündeten Wesen und umklammere die versteinerte Muschel, die ich gefunden habe. Aus meiner Hosentasche krame ich den Rest einer Rolle Klopapier. Ich drücke etwas von der Salbe auf den Zeigefinger und bedecke alle (offenen! was für ein Kunstfehler!) Kratzer mit der Salbe, dazu singe ich „Heile heile Segen". Glücklich ziehen Mutter und Tochter ab. Ich laufe barfuß aus dem Dorf und über die Brücke. Auf der anderen Seite suche ich mir einen Stein, setze mich drauf und schaue in das grauschlammige Wasser der Kaligandaki, das ohrenbetäubend rauscht. Kagbeni ist ein schönes Dorf, eine Festung eigentlich. Der Dorfkern ist hinter einer hohen Mauer geborgen. Alle Häuser sind ineinander verschachtelt. Dort wohnt auch der Zauberer. Ich wollte ihn besuchen, aber er war nicht da. Sein Haus ist mit bemalten Schädeln und Fetischen behangen und erinnert mich an das Haus eines Heilers in Habkern, den ich vor Jahren einmal besuchte. Lange sitze ich so und träume, dann sind meine Beine eingeschlafen und der Wind läßt nach, das heißt, daß es nach fünf Uhr nachmittags ist, denn der berüchtigte Wind fährt etwa zwischen zehn Uhr morgens und fünf Uhr nachmittags durch die Kaligandaki Schlucht. Ich gehe zurück zum Shangri La. Dort warten schon etwa zwanzig Leute auf mich. Alle haben irgendeine Wunde, einen blauen Flecken, ein Geschwür. Madonna! Wie soll ich mich jetzt verhalten? Aber da kommt schon ein Junge angelaufen und gestikuliert, drückt mit seinen Fingern eine imaginäre Salbentube, streicht die Salbe durch die Luft. Ich hole die Tube. Das hätte sich der Apotheker in

Wil auch nicht träumen lassen, daß ich einmal mit seiner Spagyrensalbe halb Kagbeni glücklich machen werde. Für jede zu behandelnde Person nehme ich einen anderen Finger. Ein kleiner Junge tritt ernsthaft an mich heran, nimmt meinen Ringfinger und führt ihn zur Salbe. Dieser Finger ist seiner. Ich fühle einen Blick im Nacken und drehe mich um: da steht der Franzose und grinst. Zum Glück versteht er nicht, was ich so rede und singe. Am Ende der Behandlung, die in ein gemütliches Erzählen und Schimpfen und Lachen ausartet, während die Ziegen den Salat fressen, den eine Frau aus den Terassengärten geholt hat, gebe ich die Tube mit dem Salbenrest der Großmutter. Ich gehe hinauf in mein Zimmer. Unten reden und lachen sie weiter. Dämmerung fällt über den schönen Garten mit den Peonien und Sonnenblumen. Darüber ragt kahl ein mächtiger Felsen auf. Ich wandere aus dem Dorf, vorbei an der langen Reihe von Gebetsmühlen und den Manisteinen, vorbei an der Polizeistation, die so hoch über dem Weg ist, daß sie mich unten gar nicht sehen, als ich sie passiere. Ich steige den steilen Weg hinauf, der nach Lo Mantang führt. Oben an dem kleinen Chörten setze ich mich auf die Erde und programmiere das rote Fort im letzten Licht, die Felsen, die Berge, die Terassenfelder in mein Gedächtnis ein. Weit unten kauert das Dorf am Fuß des mächtigen Felsens, umtost von einem Fluß, der mal sanft und schwach, mal reißend und zerstörerisch sein kann. Von Kagbeni nach Jomsom sind es knapp zwei Stunden zu laufen, kein Problem mehr, denke ich. Am Morgen hat der nächtliche Monsunregen eine Brücke weggerissen. Ein Junge, der zur Schule geht, zeigt mir, wie man einen reißenden Fluß durchquert: du darfst niemals auf die Bewegung des Wassers schauen, sonst wirst du mitgerissen. Du fixierst das Ziel mit den Augen und schaust nur noch mit den Fußsohlen, die sich ruhig und stetig mit dem Untergrund verbinden. Weit über uns geht eine Stahltür, das heißt, unter ihr, ein Träger. Er hat den beschwerlichen Weg über den brüchigen Berg gewählt, weil er mit seiner schweren Last den Fluß nicht durchqueren kann. Das Wasser geht mir genau bis unter den Rand des Rucksacks. Als ich alles ausbreite, um notfalls den Schlafsack zu trocknen, kommt eine Tibeterin angeritten. Sie springt vom Pferd und gibt mir zu verstehen, daß sie meinen Schlafsack haben will. Obwohl er so teuer war, bin ich froh, wenn ich ihn los bin, denn nachts habe ich entweder darin gefroren oder geschwitzt. Wir tauschen. Ich möchte ihre Satteldecke dafür haben. Sie will mir unbedingt auch die Satteltaschen dazu geben. Aber was soll ich mit Satteltaschen, ich habe kein Pferd. Ich will die Decke zum Sitzen und Maulaffen feilhalten. Schließlich willigt sie ein. Der Schlafsack nimmt auf dem Pferd Platz, ich auf der Satteldecke. Die Sonne bricht durch, die Wolken verziehen sich und geben den Blick auf den Nilgiri frei. Shangrila? Shangrila ist überall. The joy you find, sagen die alten Zenmeister, ist the joy you bring.

Vita Luisa Francia

geboren 1949, lebt auf dem Land bei München. Sie ist Filmemacherin, Malerin, Autorin. Ihre erste Liebe gehörte der Musik. Zwei Jahre lang trat sie mit ihrer eigenen Band in Clubs der US-Armee in Deutschland auf. 1970 sang und spielte sie beim legendären Musical „Hair“ mit. Ihre Arbeit als Journalistin begann sie bei der Zeitschrift „twen“. Im November 1974 wurde ihre Tochter Anna Valentina geboren.
Zusammen mit Margarethe von Trotta schrieb sie die Drehbücher „Das zweite Erwachen der Christa Klages“ und „Schwestern“, machte später eigene Filme, u. a. „Nur in der Fremde ist der Fremde fremd“, einen ethnologischen Film über ihre Heimatstadt (ARD, Unter deutschen Dächern), und den dokumentarischen Spielfilm „Hexen“ (ZDF) über die Inquisitionszeit in einem bayerischen Dorf, schrieb und inszeniert – am Werkraum der Münchner Kammerspiele – das Theaterstück „Fischmaul“. Sie veröffentlichte Gedichte in verschiedenen Anthologien und Zeitschriften, u. a. in „Akzente“. 1981 erschien „Hexentarot“, 1985 „Der afrikanische Traum“, beide im Stechapfel Verlag.
Bei Piepers Medienexperimente, 69488 Löhrbach, erschien „Ich machte mich auf die Findung“ und „Warten auf blaue Wunder“ (eine Sammlung von Artikeln).
Im Verlag Frauenoffensive veröffentlichte sie: 1982 „Berühre Wega“, 1984 „Kalypso“, 1986 „Mond Tanz Magie“, 1987 „Drachenzeit“, 1989 „Zaubergarn“, 1990 „Spielend Scheitern“, 1991 „Die 13. Tür“, 1992 „Die Schmutzige Frau“, 1993 „SteinReich“. 1994 „Auf der anderen Seite der Haaresbreite“, 1995 „Starke Medizin“, 1996 „Eine Göttin für Jeden Tag“, 1997 „Die Bärin im 11. Haus. Das Horoskop als schamanischer Lebensbaum“ und in einer Privatedition „Wilde Nester“, Gedichte und Bilder.
Sie spricht fließend französisch, englisch und italienisch und übersetzte Bücher und Drehbücher aus der italienischen und englischen Sprache.
Ihre Bilder stellte sie u. a. im Frauenmuseum Wiesbaden, in der

WKD Gallery London und mit Herbert Achternbusch in der Lothringer 13 in München aus. 1994 wurde in der Zeitschrift „Sybille“, Berlin, ihr Siebdruck „Halb meine Katze und halb ich“ in einer Auflage von 71 verkauft. Gelegentlich macht sie Illustrationen für Zeitschriften (Transatlantik, Sybille, u. a.). Seit 1991 (Die 13. Tür) entwirft sie die Titel und Illustrationen ihrer Bücher selbst. Für „Steinreich“ schuf sie 64 Orakelkarten. Für einige Artikel (z. B. Herbert Achternbusch, der Maler, Katalog zur Ausstellung, „Fremd“, eine Himalayareise f. Annabelle, Kailash, GLOBO, Woody Allens New York, Sonderheft N.Y. GLOBO) machte sie auch Fotos.
Von 1980 bis 89 fuhr sie jedes Jahr zwischen zwei und sieben Monaten kreuz und quer durch die Sahara, nach Westafrika, nach Ostafrika. Sie lebte monatelang mit einer ghanaischen Fetischpriesterin und schaute ihr bei der Arbeit zu. Viermal reiste sie allein mit Buschtaxis durch Afrika, um Medizinleute zu treffen und ihre Arbeit zu beobachten. Seit 1990 bereist sie Indien, Nepal und Tibet, organisierte die Dreharbeiten zu Herbert Achternbuschs Film „Ab nach Tibet“, wo sie auch mitspielt, und wanderte allein, ohne Führer und Träger, durch Südmustang in Nepal. Sie lehrt Tanz mit afrikanischen Elementen, Meditations- und Entspannungstechniken, Visualisierung und Imagination.
Zur Zeit arbeitet sie an Bildern für eine Ausstellung in London, an einem neuen Theaterstück, reist auf den Spuren der Göttin Kali nach Nepal und Indien, zu Palden Lamo nach Tibet, schreibt für GLOBO, SZ-Magazin, Weltwoche und Tagesanzeiger-MAGAZIN in Zürich Artikel und tanzt – „am liebsten für Steine und Kreuzspinnen, gelegentlich auch mit Menschen“.

LUISA FRANCIA

WARTEN AUF BLAUE WUNDER

Der Grüne Zweig 151

"Du wirst noch deine blauen Wunder erleben, sagte meine Großmutter, und das war natürlich drohend gemeint. Aber ich hatte immer schon ein erotisches Verhältnis zu Sprache, zu Wörtern, und es gibt für mich keine größere Verheißung als Das Blaue Wunder. Auf dem Weg zum Blauen Wunder lernte ich schreiben, zuhören, lesen, zaubern, weinen, lachen..." *Luisa Francia*

Dieses Buch vereint die besten Reportagen, Portraits, Essays und Geschichten Luisa Francias, die zum Teil schon in Transatlantik, Esotera, taz und anderswo erschienen sind, u. a.

- Hexen ist keine Hexerei
- Das Orakel von Benin
- Afrikanische Märkte
- Das Fremde wahr nehmen
- Der Wald schweigt nicht mehr – er geht
- Zauberhaft geschmückt
- Portraits von Susanne Wenger, Herbert Achternbusch, Isabelle Eberhardt und Jim Morrison
- Angenommen, es käme eine Fee

192 S., auf Hanfpapier, ISBN 3-925817-51-4, 20 DM

LUISA FRANCIA

ICH MACHTE MICH AUF DIE FINDUNG, DENN SUCHERIN BIN ICH KEINE

Der Grüne Zweig 130

Xpedition zum Untersberg, ein Bericht über eine Trancereise, die zum einzigen mitteleuropäischen Ahnenberg, dem Untersberg bei Salzburg führt. Fiebervisionen, alltägliche Ereignisse, Gewalt in der Dämmerung zwischen Phantasie und Realität und eine Suche nach dem roten Faden unserer Mythengeschichte verbinden sich zu einer Ballade der Findung. Die Xpedition zum Untersberg wird zur uralten schamanischen Reise in die Schattenwelt, in der sich Licht und Dunkel zu Ekstase verbinden, in der die Polaritäten sich aufheben und zu einer einzigen Schwingung werden.

Genug Pathos: Xpedition zum Untersberg ist auch der Mut zum Wahnsinn in einer Trance, die sich aufs Spinnen verläßt, aber nie den roten Faden verliert, der zurückführt.

Luisa Francia hat Bücher geschrieben, mehrere Filme gedreht, Drehbücher (u. a. für/mit Margarethe v. Trotta) und Theaterstücke verfaßt. Für diese Ausgabe hat sie mehrere eigene Bilder beigesteuert.

Mit 4farbigen Illustrationen, 72 S., ISBN 3-925817-30-1, 17.50 DM

KAY HOFFMAN

HEILSAME ERSCHÜTTERUNGEN

TRANCE-GESCHICHTEN FÜR DEN ALLTAGSGEBRAUCH

Der Grüne Zweig 129

"Heilung durch Erschütterung, Schütteltänze, unwillkürliche, autonome Bewegungen des Hampelns, Zappelns, Wiegens, Schaukelns, Zuckens und Ruckens als Basis für Kontinuum und Atmosphäre innerhalb einer Gruppe ... Ich orientiere mich beim Schütteln an den westafrikanischen Tänzen, die vergleichsweise viel sanfter, eleganter und vielleicht auch effektiver sind. Ich arbeite mit den Mitteln der chinesischen Heilgymnastik und Erdungsübungen der Bioenergetik, Massage, sanfte Atemarbeit".

ISBN 3-925817-29-8, 112 Seiten, 15 DM

KAY HOFFMAN

DER BEGEISTERTE KÖRPER

Der Grüne Zweig 195

Ekstase wird in Zukunft eine immer größere Rolle spielen. Sie befreit von der Illusion der menschlich verbrieften Garantie auf eine einmalig fixierte und unverbesserliche Ich-Identität. Denn: "Ekstase ist das Gefühl, sich Schwingungen und Erkenntnissen auszuliefern, die uns aus unserem sogenannten Ich herausheben", erklärt der Altmeister der Ekstase, Alan Watts.

Ekstase soll unter den vielen möglichen Trance-Zuständen einen Zugang zur eigenen spirituellen Erfahrung verschaffen. Nur in einem veränderten Bewußtseinszustand finden wir Einlaß in die andere Realität, die nicht mit dem Alltagsbewußtsein erfahren werden kann. Ekstase ist aber gleichzeitig ein körperlich sichtbarer und erlebbarer Zustand.

Das "Ekstase-Spiel" ist eine Möglichkeit, durch innere und äußere Bewegung scheinbar feste Grenzen zu überschreiten.

Zahlreiche Fotos von Lioba Winterhalder

ISBN 3-925817-95-6. 128 Seiten Format 27 x 25 cm, 20 DM

RENATE WASCHEK

DIESES KLEINE STÜCK WATTE ...

WERBUNG UND TABU AM BEISPIEL DER WERBUNG FÜR BINDEN & TAMPONS

DER GRÜNE ZWEIG 194 · ED. UNTER DER GÜRTELLINIE

Schonmal gestutzt, als bei einer Binden- Werbung im TV blaue statt roter Flüssigkeit zur Demonstration benutzt wurde? Blut wird nie erwähnt, nur eine nicht weiter definierte 'Sauberkeit' und 'Sicherheit'. Am Beispiel '... dieses kleinen Stücks Watte' wird die Gratwanderung der Medien & Werbung zwischen herrschender Moral (dem guten Geschmack) und der Moderne aufgezeigt. Die Tabu-Thematik wird am Beispiel der Menstruation dargestellt, vor allem aus sprachwissenschaftlicher Richtung. Anregend, illustriert, lehrreich und spannend.

128 Seiten, ISBN 3-925817-94-8, 15 DM

WERNER PIEPER HRSG.

WILLKOMMEN !

DAS HANDBUCH FÜR MULTI-KULTURELLE GASTFREUNDSCHAFT

DER GRÜNE ZWEIG 166

"Ist es aber nicht seltsam, daß wir oft von den Urlaubsländern unserer Ausländer schwärmen, auf der anderen Seite jedoch deren Existenz im eigenen Land, ein paar Häuser weiter, ignorieren?" *– Haris Katsoulis*

"Wer vom bloßen Anti-Ausländerfeind zum aktiven Fremdenfreund mutieren möchte, dem kann dieses Buch jetzt zur Seite stehen. Gastgeber Werner Pieper hat in diesem Ethno-Knigge alles zusammengestellt, was es für potentielle Fremdenfreunde zu beachten gilt." *– die tageszeitung*

Das anregende Handbuch offeriert:

- Berichte über lebendige Gastfreundschaft aus aller Welt.
- Kein Rezeptbuch mit Standardlösungen von A–Z, sondern Fakten und Erfahrungen.
- Versuche des Verstehens und der Sensibilisierung.

Wie begrüßt man sich? Händeschüttelnd? Umarmend? Was kann man wem zum Essen vorsetzen? Wann ist z. B. Ramadan? Welche Tabus könnte man unbewußt verletzen? Wer feiert wann seine großen religiösen, kulturellen und nationalen Feste? Was heißt Danke & Bitte in der jeweiligen Sprache? Gilt es, auf bestimmte Gebärden zu achten? Was schenkt man wem? Zu den Autoren gehören Richard Majchrzak, Achmed Khammas, Ludmilla Tüting, Molto Menz, Roman Schweidlenka, Jean Trouillet, Micky Remann u.v.a.m.

Illustriert mit Fotos aus der Sammlung "Kinder spielen mit der Erde". 216 S., 20 cm², ISBN 3-925817-66-2, 25 DM

KARL KRÜLL

TRÄUME LEBEN

PRAKTIKEN SELBSTVERANTWORTLICHER TRAUMGESTALTUNG

DER GRÜNE ZWEIG 188

Der Träumer ist seinen Träumen am nächsten. Logisch. Genauso logisch auch, daß nur der Traumautor authentische Bedürfnisse & ein adäquates Verlangen nach Möglichkeiten des Umgangs mit seinen Träumen hat. Die in diesem Buch vorgeführte Methodik der Traumarbeit unterscheidet sich von herkömmlichen Methoden dadurch, daß sie nicht von schematisierendem, kontrollierendem noch von psychologischem Sehen & Denken ausgeht. Der Träumer lernt hier einfach und ohne Vorbildung, für seine Träume Aktionsfelder einzurichten & sich selbst darin – mitsamt seinem Traum – zu bewegen. Träume nicht nur erleben, sondern aktiv ausleben.

Der Autor ist bildender Künstler & lehrt die hier dokumentierte und erklärte Methode seit Jahren mit zunehmendem Erfolg an Kunstakademien. Er spricht aber sehr wohl jeden Träumer und jede Träumerin an, die mehr von ihren Träumen erhoffen, als sie morgens immer wieder schnell zu vergessen. Vom Autor üppig illustriert.

192 S., ISBN 3-925817-88-3, 25 DM